AF499706

ÉTUDES

SUR L'ALGÉRIE

PARIS. — TYP DE H. CARION, PÈRE, RUE RICHER, 20.

ÉTUDES

SUR LE

GOUVERNEMENT MILITAIRE

DE

L'ALGÉRIE

Par A. JAVARY,

CAPITAINE AU 2e ZOUAVES.

PARIS

LIBRAIRIE MILITAIRE, MARITIME & POLYTECHNIQUE

De J. CORRÉARD,

Libraire-éditeur et libraire-commissionnaire,

RUE CHRISTINE-DAUPHINE, 1, PRÈS LE PONT-NEUF,

1855

INTRODUCTION.

Opportunité de la question de colonisation de l'Algérie.

Maintenant que la possession de l'Algérie nous est assurée, si non incontestée, et que le fait de la conquête est accompli, sa colonisation est certainement l'œuvre la plus opportune de notre temps.

A part la nécessité économique d'y installer une population française considérable, si fortement exprimé par M. le maréchal Bugeaud, n'en voit-on pas aussi l'importance politique actuelle et quel puissant topique ce serait contre le mal qui travaille la Société ?

La colonisation offre à la société un placement pour ses enfants deshérités ; au prolétaire laborieux, l'indépendance en retour de son travail ; à toute ambition sa juste satisfaction. Le partisan égaré des doctrines sociales, celui que le désir de posséder arme contre la propriété et ses priviléges, y trouvera son emploi utile et louable ; l'esprit aventureux et mécontent, qui prétend créer un monde sur les ruines de l'autre, y a son rôle tout tracé.

Cette solution de la question algérienne offre donc un double intérêt, outre qu'elle est la conséquence nécessaire d'une conquête que l'opinion a voulue. Laisser cette tâche inachevée, c'est assumer, sans compensation, la responsabilité des désastres et des ruines qu'elle a causés. Mais puisque la fin justifie les moyens, poursuivons-là dans l'intérêt de notre pays et de la civilisation et sans autre souci que d'arriver.

L'établissement de la colonisation aura pour base celui des populations indigènes.

Je m'inscris d'abord contre cette opinion malheureusement accréditée jusqu'ici par les faits et par une direction irrationnelle, que la colonisation soit à créer en Algérie, de toutes pièces, avec l'argent, les matériaux et les bras de la métropole.

S'il en était ainsi, il y faudrait renoncer dès à présent, il en a déjà trop coûté. Mais c'est une meilleure entreprise que je veux proposer, pour le gouvernement et pour l'émigrant.

Car nous avons acquis en Afrique avec la terre et du même droit, ses quatre millions d'habitants. Et quelle meilleure base pour notre établissement que ces quatre millions de producteurs et de consommateurs constitués en société, suivant un esprit original, des lois économiques et des rapports naturels que l'effort de la conquête ne peut faire disparaître parce qu'ils sont dans la nature des choses et qu'il faut nous approprier et tourner à notre profit. Et leurs ressources, ne songerons-nous point à en tirer parti pour notre établissement?

C'est le milieu que nous nous voyons obligés de créer pour notre installation à part des indigènes, dont nous négligeons les ressources, qui a rendu la colonisation si chère et, on peut le dire, impossible.

En pareille affaire, je ne puis manquer de rappeler la manière différente dont les Normands ont exploité le peuple saxon après la conquête de l'Angleterre, et leur établissement rapide dans le pays.

N'était l'anachronisme, je proposerais de dresser à leur exemple le cadastre et le relevé des terres et des habitants et de partager entre les conquérants la Glèbe et le Vilain, saufs tous les ménagements que nous devons à l'esprit du siècle et au progrès de l'humanité.

Mais ce sujet est trop délicat, et le mien, que je mettrai toute réserve à traiter, est moins fait pour blesser les susceptibilités du jour. Si je ne puis, en marquant le but et en traçant la voie à suivre, reculer devant ces conséquences, au moins je sais que le gouvernement ne pourra reculer non plus devant les suites d'une conquête qu'il a acceptée, c'est à savoir l'oppression et la spolation à quelque degré du peuple conquis, pour l'établissement du peuple conquérant.

Mais quoi, si, pour éviter ces conséquences, on ne faisait que les aggraver et si, sans les pousser à l'extrême on peut les faire tourner au plus grand profit de la France, au salut de la société?

C'est pour cela que l'initiative doit rester au gouvernement qui seul aura le pouvoir et la discrétion pour établir la colonisation et concilier ses intérêts avec ceux des indigènes.

Remarquons du reste que si la civilisation répugne à conquérir un peuple, ses formes sont singulièrement propres à l'exploiter et à se l'approprier, et nous ne saurions faillir en employant ses procédés dans nos possessions du nord de l'Afrique.

L'émigrant, au lieu de devenir seigneur et gentilhomme privilégié selon l'usage féodal, restera suivant l'usage moderne, bourgeois, propriétaire, acteur, garde national et juré; l'indigène en tutelle restera travailleur, contribuable, consommateur et producteur et sera plus profitable sous cette forme que le vilain taillable et corvéable des vieux usages.

Par ce soin respectueux du droit public moderne, les apparences seront sauvées; les vaincus y gagneront et le vainqueur n'y perdra point. La France, au lieu d'une possession incertaine, se sera assuré une colonie d'avenir, et un débouché pour le trop plein de sa population.

Enfin je ne puis mieux rencontrer pour m'autoriser à invoquer, comme je le fais, la nécessité et la raison d'État, que cesparoles d'un ancien militaire à propos des guerres de religion, qui semblent faites pour ces temps-ci :

« Pour tenir ce royaume en paix sans guerre étran-
« gère et mauvais conseil, il faut penser ou de battre
« les autres ou s'entrebattre soy mesme. Si le
« monde avait plus de dévotion, on pourrait l'em-
« ployer aux croisades.... Il vaut encore mieux
« l'exercer comme fait le roy d'Espagne aux nou-
« vaux mondes. »

(Commentaires de **Blaise de Montluc**.*)*

CHAPITRE Ier.

VUES DE M. LE MARÉCHAL BUGEAUD SUR LA QUESTION DE L'ALGÉRIE.

Nécessité de terminer promptement l'entreprise de colonisation.

Après avoir terminé la conquête de la régence d'Alger par les plus grands sacrifices en hommes et en argent, on a dû se trouver fort en peine de tirer parti d'une possession qui avait paru d'un si grand intérêt pour la France. Ce n'est pas un médiocre embarras en effet de songer que, n'ayant pu jusqu'ici suffire à payer l'occupation, l'Algérie sera longtemps encore à la charge de la métropole, sans la moindre apparence de pouvoir payer les intérêts de ce qu'elle a coûté.

On a compris, il est vrai, que c'est une propriété actuellement sans valeur, mais susceptible d'en acquérir dans l'avenir, pour indemniser de ce qu'elle coûte dans le présent. On l'a dit partout; mais, admirez l'inconséquence de l'opinion. Lorsque M. le maréchal Bugeaud, le juge le plus compétent sur ce sujet, en a déduit logiquement les conséquences; lorsqu'il a montré que cet avenir ne peut pas être reculé indéfiniment, qu'il demande de nouveaux sacrifices, car on ne fait rien de grand qu'il n'en coûte; que l'intérêt privé n'y peut rien faire et doit se plier aux exigences d'une œuvre nationale, que le gouvernement peut seul l'entreprendre et qu'à lui seul appartient de jeter les bases de l'édifice, et d'imprimer une direction première où les intérêts particuliers pourront s'engager; que cette affaire est son intérêt immédiat et qu'il peut seul la soutenir en face de l'antagonisme du monde musulman et des intérêts européens : il n'y a eu qu'une voix pour repousser ses propositions sans doute parce qu'il réclamait pour le peuplement et la colonisation l'intervention officielle du gouvernement et sa libre action, jusqu'à ce que son œuvre fût visible et pût rentrer sous la loi commune. Ne doit-on pas savoir qu'en Algérie le gouvernement est tout, et que le particulier n'est rien que par lui, et que ce n'était que pour faire disparaître cette anomalie, que le maréchal demandait la sanction du pays.

On a donné depuis bien plus d'argent que n'en demandait l'illustre maréchal, et pour n'obtenir aucun résultat sérieux. Mais il n'y a pas à s'en prendre à ceux qui administrent la colonie, la sanction qui a été refusée à leur autorité en fait un instrument inutile, et ils n'ont pu reprendre les vues d'ensemble, sans lesquelles rien de solide ni de durable.

Reprenons-les cependant pour les concilier avec les exigences de l'opinion et en tirer les dernières conséquences, que M. le maréchal Bugeaud n'a point développées dans son projet.

Voici les termes du problème que nous avons à résoudre en Afrique, tels qu'on les dit et qu'on les lit partout.

« Il s'agit de faire rentrer cette terre barbare dans la loi commune de la civilisation, en lui donnant sous le rapport de la sécurité et des relations commerciales, une valeur qui puisse y attirer les intérêts européens ; et y fonder une France nouvelle » c'est-à-dire d'en faire un débouché qui recevra le trop plein de la métropole et d'y établir une population française, capable de l'appuyer en temps utile et de contenir le pays dans sa dépendance ; « d'en faire une terre à jamais française. » C'est en assurant à la France son droit de propriété sur cette colonie, de telle sorte qu'elle n'y trouve point dans l'avenir l'ingratitude et la scission pour tous intérêts des sacrifices qu'elle se sera imposés. Ainsi se réaliseront les espérances qu'a fait concevoir la conquête d'une position commerciale et militaire aussi importante qu'est Alger.

Cette questiou complexe est énoncée tout entière par le titre colonisation.

La colonisation européenne est à la fois le but et le moyen. Elle sera le plus sûr instrument de domination, par sa force morale surtout, puisque par elle seule on pourra atteindre les intérêts arabes et s'assurer ainsi la possession et la sécurité, et le plus puissant pour l'exploitation du pays où sa présence, en créant le mouvement, activera la production.

Et puisque nous devons admettre la préexistence des races indigènes, qui formeront longtemps encore la masse des producteurs et des consommateurs, ce sont elles que nous devons prendre pour base et pour point de départ de la colonisation, en établissant cette dernière suivant les lois de cette répartition.

La colonisation doit embrasser intégralement tout le pays, comme l'administration et la conquête.

Ces bonnes raisons et les mêmes causes pour lesquelles on a compris qu'il fallait conquérir complétement et intégralement le territoire de la Régence, en exigent également la colonisation intégrale et complète.

C'est l'idée du système de colonies militaires, proposé par M. le maréchal Bugeaud, et c'est ainsi qu'il le faut comprendre, en ce qu'il est le complément nécesssaire du système de conquête et d'occupation dont la gloire revient à lui seul. Il faut rentrer dans cette idée, sinon tout autre puissance pourrait, sur les points inocupés de nos possessions, nous combattre avec cette arme de l'intérêt que nous aurions négligée.

Puisque la colonisation est le moyen en même temps que le but, son premier cadre, qui devra créer la confiance et attirer les intérêts privés, ne peut rien attendre d'eux sans une pétition de principes qui saute aux yeux. C'est donc au gouvernement de l'établir, lui qui y est particulièrement intéressé et il y a nécessairement une phase de la colonisation entièrement officielle.

La première phase de la colonisation doit être officielle.

C'est une belle besogne et une bien grande tâche à remplir, surtout dans le moindre temps et aux moindres frais possibles.

Car on l'a assez dit, le pis est d'attendre une solution avec une armée d'occupation de cent mille hommes et une dépense de cent millions, et surtout, dans le moment actuel, d'attendre de la métropole les capitaux, les matériaux et le travail.

Il convient ne lui demander que les bras de ses prolétaires et n'employer à les établir que les ressources propres du pays et les éléments qui le composent.

Pour diriger cette première phase, le gouvernement a sous la main les meilleurs instruments. Ce sont les militaires de tous grades, à qui leur solde a toujours suffi pour s'employer aux travaux de la paix comme à ceux de la guerre et qui seuls ont le zèle et les connaissances pratiques pour le travail ingrat d'une première installation.

Les ressources actuelles du pays, après un état d'anarchie presque continuel et une guerre ruineuse, sont considérables, et en examinant le caractère spontané de leur production et des relations commerciales, on peut se promettre beaucoup d'une exploitation réfléchie et pacifique.

Emploi des indigènes combiné avec la colonisation Européenne.

Quand aux races indigènes, je ne m'arrêterai point à combattre les préjugés qui existent contre elles. Je dirai seulement que les ayant acquises avec la terre qu'elles habitent, puisque nous ne pouvons songer à les supprimer, il est nécessaire et possible de les diriger et de les employer. Tant que nous n'en voudrons rien faire, elles resteront en dehors de nous, indifférentes ou revêches, et nous nous serons privés, sans raison, du moyen de colonisation le plus actuel et le plus puissant.

Je m'appuie de l'autorité de M. le maréchal Bugeaud, dont voici les paroles à ce sujet : « Il faut

« s'occuper des indigènes : nous ne pouvons les ex-« terminer ni les refouler, il faut donc les adminis-« trer, c'est-à-dire veiller à leurs intérêts, les rap-« procher de nous, en faire des auxiliaires pour la « colonisation comme nous en avons fait des auxi-« liaires pour la guerre et la police du pays. »

Certes, il y a place en Algérie pour quelques millions d'Européens sur lesquels il y aurait plus à compter. Mais qui les y conduira que de bonnes garanties de travail et de protection, et qui les pourra donner que la population actuellement existante?

Notre premier soin sera donç de tirer des indigènes tout le parti possible pour la sécurité des relations, l'aménagement et l'extension des ressources et la production à bas prix des denrées de nécessité, en préparant l'arrivée et le placement de nouveaux éléments.

Les populations indigènes sont aux colons futurs ce que sont dans les tissus de la peau les mailles où vient se former la graisse. Nous ne songeons donc plus à faire le vide pour y placer une population européenne qui, pour tout créer et tout apprendre, doit se suffire à elle-même ou tombe à la charge du budget.

Nous combinerons au contraire les deux éléments en telle façon que l'un soutienne l'autre, comme se soutiennent les pierres d'une voûte, la suprématie de la métropole étant à la clé. Les intérêts indigènes seront solidement engagés dans l'œuvre de la colonisation avec les intérêts européens et aucune force, aucune ressource ne restera perdue.

Ce fait sera pour les deux races une garantie mutuelle de leur existence et de la solidité de leurs relations, et à la métropole une garantie de la durée de sa domination en Afrique, à la plus grande gloire de Dieu.

Quand nous aurons créé ainsi le travail et la matière première, alors, on peut l'espérer, l'intérêt privé amènera les capitaux, qui seuls pourront donner à la colonisation sa véritable portée.

Ainsi sera terminée la première phase de la colonisation, dont l'établissement incombe à la charge du gouvernement et que je veux tracer dans ce mémoire, de manière à satisfaire au vœu que l'illustre gouverneur de l'Algérie a exprimé dans son projet : « Nous « voudrions faire marcher de front la colonisation « arabe avec la colonisation européenne. »

CHAPITRE II.

ÉTUDE CRITIQUE SUR LA QUESTION DE COLONISATION.

Je vais chercher la solution complète du problème de la colonisation, dans l'explication des principes posés par M. le maréchal Bugeaud : heureux d'avoir, pour établir mon point de départ, une aussi respectable autorité, j'espère ne la point perdre de vue dans la discussion.

On a pu voir au chapitre précédent, par quelques bonnes raisons, que la première période de la colonisation doit être officielle, qu'elle doit embrasser l'intégralité du pays conquis et avoir l'élément indigène pour base et pour principe générateur.

Je demande à revenir sur ce sujet et, pour le bien établir et n'y point laisser matière à contestation, à prouver par le résultat des expériences déjà faites, que ce n'est pas le mieux que je propose, mais le seul système possible.

De la colonisation libre.

Faire de l'Algérie quelque chose par la colonisation libre et par le seul emploi des capitaux, il n'y a point d'apparence : du moins dans un temps tellement éloigné que nous aurons eu tout le loisir de la perdre, et avec elle les sacrifices annuels que l'on sait.

Laissons parler l'éloquence des faits et voyons ce que les capitaux on produit de ce côté-ci de l'Atlas : car jusqu'ici ils n'ont pas tenté de s'aventurer plus loin.

Ils ont exploité, par le commerce, les ressources existantes et les besoins de l'occupation, et n'ont réussi qu'à peupler les villes du littoral et leurs banlieues, faible moyen de faire de l'Algérie une terre française.

Puis ils ont spéculé sur les terres dont le prix, bientôt exagéré par l'agiotage, rendrait partout l'exploitation impossible : on trouve ici tous les inconvénients de la grande propriété sans aucun de ses avantages.

Avant nous tout ce qui était domaine ou apanage

de familles turques ou mauresques, était du moins exploité d'une manière régulière par des tribus qui occupaient les lieux de temps immémorial, à charge de redevances en nature. Ce droit d'occupation n'ayant pas été reconnu à la vente aux détenteurs indigènes, les domaines ont été abandonnés par eux et sont restés improductifs ou sont loués par des gens qui n'entreprennent rien de sérieux, faute de stabilité et pour avoir de trop gros loyers à payer.

Le capital, partout ailleurs, peut créer le travail : ici, il a dû si reconnaître impuissant. Le grand propriétaire, ne trouvant point de bras pour une exploitation rationnelle, devait les faire venir de France.

L'eût-il fait que ni lui ni le gouvernement n'y eussent trouvé aucun avantage. Il n'aurait pu décider ni le bon agriculteur ni le bon ouvrier à s'expatrier, et avec les médiocres sujets qui s'y seraient aventurés, il aurait eu à passer par les plus fortes exigences. La plaie des prolétaires, au moment où elle cause le plus de douleurs à la métropole et où on cherche le plus à la réduire, se fût étendue à sa colonie ; ce ne serait pas pour donner à celle-ci plus de solidité. Le prolétaire n'y fait point souche et il n'y vient que par l'espoir du mieux, s'il ne le peut trouver ailleurs.

Examen critique des créations coloniales jusqu'à ce jour.

C'est donc la petite propriété qu'il fallait créer d'abord et par elle, le travail. On l'a compris et le gouvernement, porté de la meilleure volonté pour les propriétaires et capitalistes, a créé à son compte, des villages pour y placer des ouvriers agricoles, tout à leur portée, a mis tous les moyens à leur disposition, a ouvert des routes dans tous les sens pour faciliter l'exploitation, accordé un tarif de faveur pour les produits des colons, leur a fait des avances d'argent, de grains et de bestiaux, leur a octroyé solennellement des droits civils, comme si les garanties de toute espèce avaient manqué à leur bon vouloir, une administration et des juges les mieux disposés en leur faveur, a fait en un mot leurs affaires à ses frais, et Dieu sait s'il lui en a coûté.

Rien n'y a fait : les plus belles terres et les mieux situées, à portée de débouchés importants, restées à l'abandon, ont perdu de leur valeur au lieu de gagner, comme on devait l'espérer, de tant de sacrifices. Il y aurait, à citer les faits, belle matière de scandales. Et qui n'a vu aux portes d'Alger des milliers d'hectares rester sans culture (on refuse de louer à long bail, seule manière d'améliorer la propriété); sans dépaissance (les herbes y sèchent sur pied alors même que les troupeaux du sud viennent dans le nord chercher des pâturages); sans autre produit que des procès-verbaux, intentés à l'indigène et à quiconque donne occasion à ces extorsions légales; sans occupants et on crie au manque de sécurité!

La colonisation n'a même pu nourrir l'occupation : les grains provenant de l'impôt en nature sont annuellemant attribués aux fournitures de l'armée. S'il y a eu de l'amélioration dans l'exploitation générale du pays, c'est de la part des Arabes auxquels toutes garanties semblent avoir manqué, même celle de leur propriété, et toute protection là où ils se sont trouvés mêlés à la colonisation. Sans compter que si quelques domaines rapportent quelque chose aux propriétaires, c'est par le travail de ces mêmes Arabes ; ce n'était pas la peine qu'ils passassent entre des mains européennes.

Ainsi, l'État en concédant la terre aux centres agricoles et aux particuliers, l'intérêt privé en l'achetant, dans une zône compacte, l'on fait vider de ses premiers habitants, qui, ayant au moins comme fermiers un droit d'occupation antérieur, ne veulent pas quitter leur pays, et ils ont créé au milieu de nos établissements une sorte d'Irlande arabe : et ce sera peut-être la cause la plus certaine de leur ruine. Heureusement que ce danger, résultant de la marche suivie, est restreint à la Mitidja et qu'il est encore à propos de le signaler par cette parenthèse.

Lorsqu'il s'est agi de l'établissement des colonies agricoles (pour lesquelles le gouvernement avait accordé 50 millions) on a proposé un moyen de concilier la colonisation européenne avec l'établissement arabe. Je pense que ce n'était qu'un expédient pour la circonstance et pour mettre plus tôt plusieurs milliers d'hectares à la disposition du gouvernement.

C'est le cantonnement des arabes. L'opération du cantonnement consiste dans nos lois, lorsqu'un particulier possède des droits d'usufruit sur des biens appartenant à l'État ou à une commune, à lui concéder une partie de ces biens en toute propriété, pour le faire renoncer à ces droits sur le reste. Elle paraît consister ici à fixer une limite maximum de ce qu'il faut de terre pour une famille arabe ou européenne et, la part des Arabes faite, au prorata de cette limite, distribuer le reste aux colons d'après la même loi. Outre la difficulté de l'exécution, la façon de mitiger une injustice est ici plus choquante que l'injustice entière. Vouloir étendre ce système plus loin, serait imposer à l'État une tâche sans fin, pour n'établir que des gens misérables et dont l'installation, jusqu'aux dernières limites, resterait à sa charge. Ce serait enfin ôter à la grande propriété, qu'on a si malheureusement cherché à favoriser, toutes chances de s'établir dans l'avenir.

On a établi aux frais du gouvernement un essai de colonisation entouré de toutes les garanties et de toutes les libertés. Voyons s'il satisfait aux termes de la question, comme ils ont été énoncés plus haut.

Il a été établi d'abord en vue de l'exploitation des grandes propriétés. Le moindre inconvénient de ce système serait d'avoir été fort coûteux; mais une fois installés, les colons sans autres ressources et ne trouvant point à s'employer sur ces propriétés, ont à peine de quoi vivre et je ne sais comment ils feraient pour relever une cale de la maison qui leur a été bâtie ou qu'on leur a imposé de bâtir avec leur faibles avances.

Produisant peu par eux-mêmes, ils sont de plus en dehors du mouvement commercial qui aurait pu leur donner quelques ressources.

Quoique les distances entre les centres agricoles aient été calculées et portées au compas sur la carte, pour donner à l'ensemble de la densité, il n'a pas pour cela plus de cohésion et par sa composition il offre encore moins de consistance, et il ne serait pas propre à résister à une avalanche qui, formée au loin, viendrait s'abattre sur lui.

Enfin, si ce système est coûteux, il est interminable et je ne sais pas où et quand il obtiendra quelque securité de la part des indigènes qu'il laisse toujours en dehors de lui.

Tout cela n'est pas fait pour répondre aux conditions de stabilité, d'exploitation et de domination, que j'ai dites, et si nous espérons quelque chose, c'est sans doute d'un avenir plus proche et plus clair que celui-là.

Il faut conclure de tous ces résultats que la question a été prise au rebours.

Dangers de l'isolement de la colonisation européenne.

On s'est butté à isoler la colonisation européenne des populations indigènes : au point de vue politique et à celui de l'économie, c'est une double faute que l'expérience doit avoir suffisamment démontrée.

Si la colonie s'attache, comme elle le doit faire, à fournir à la France les produits pour lesquels elle est tributaire de l'étranger, c'est par la culture industrielle, où elle trouve tout à créer. Les capitaux viendront s'y immobiliser pour plusieurs années. Mais en attendant les produits, où sont les ressources pour vivre? Les faire venir du dehors, c'est s'isoler de plus en plus, et d'autre part, comment s'assurer le commerce intérieur, si on en a ni les tenants ni les aboutissants? Les vivres et la main-d'œuvre sont rares et hors de prix, et voilà un artifice coûteux, sans racines dans le pays, qui ne peut résister à la moindre commotion.

La colonisation isolée est une menace sans effet contre les indigènes et crée deux camps dans le pays : l'Arabe seul est maître chez lui et dans telles circonstances, la barbarie a toutes les chances de sortir encore une fois et à bon marché, victorieuse de la civilisation.

Mais les capitaux ne viennent pas : il n'y a rien eu ici que de l'agiotage. Personne, Français ou Arabes, ne se laisse prendre à cette duperie et le gouvernement a dû apprendre à ses dépens que pour faire un établissement sérieux et stable, il faut aux uns et aux autres de meilleures garanties, que son initiative seule peut donner.

Ces garanties ne peuvent se trouver que dans la combinaison sur tous les points, de la colonisation européenne avec les populations indigènes. Il me semble qu'on n'a pas assez connu en quels points leurs caractères particuliers peuvent s'accorder, l'identité de leurs exigences et les satisfactions qu'elles peuvent donner mutuellement.

La colonisation sur un sol nouveau, où tout est à créer, où les préoccupations du présent ruinent l'avenir (car il faut vivre jusqu'à recueillir les premiers fruits de son travail), réclame une première mise et des secours ultérieurs que les capitaux refusent et qu'elle se voit forcée à demander au gouvernement.

Conditions que la colonie européenne doit remplir.

Je ne pense pas que ce soit un don gratuit, une forme nouvelle d'assistance, il y a tant d'autres façons de le faire, sans mener les gens si loin : ce serait plutôt une avance avec quelques conditions en retour, une manière de placer son argent; et comme on s'y est pris jusqu'ici il ne peut en être de pire.

Si la colonisation doit être subventionnée, que ce soit donc dans les limites de l'intérêt de l'État. Fixons les limites nécessaires et possibles de son établissement pour assurer la domination et l'exploitation du pays, et puisqu'il a été démontré qu'elle est à cette fin le seul instrument à notre usage, ne manquons pas de nous assurer son concours.

Voyons à quelles conditions elle devra satisfaire.

Quelles que soient les opinions des Arabes et leurs dispositions à notre égard, la confiance et notre domination ne seront bien assises dans leurs esprits, que lorsqu'une population européenne, capable de les tenir en échec sur l'intégralité du territoire, sera établie au milieu d'eux.

Pour pousser l'indigène au travail et développer une production considérable, il faut lui en assurer le débouché. Or, ce qui manque le plus en Afrique et qui est le plus urgent à établir, c'est une population urbaine, celle qui composait les cités et municipes romains, mieux répartie sur la surface totale, commerciale et industrielle, en rapport de nombre avec la population agricole, centralisant ses intérêts, exploitant ses ressources, appuyant partout l'action du gouvernement. Le rapport nécessaire de l'une à l'autre fixera la limite de la colonisation officielle.

En se soumettant à la force après une longue lutte, les Arabes nous ont reconnu implicitement le droit de disposer des personnes et à plus forte raison des choses. C'est ce qui nous donnera celui de les employer aux travaux de l'installation. Mais l'incertitude de leur possession et de leurs intérêts, arrête le travail et la production. C'est pourquoi il faut régler au plus tôt et d'une manière définitive, leur droit de propriété et le nôtre, d'après le rapport qui réglera l'établissement de la colonisation officielle.

Système d'un réseau colonial de chefs-lieux administratifs.

Pour répondre à toutes ces exigences, il importe d'établir un système de colonies chefs-lieux des diverses circonscriptions indigènes, embrassant toute la surface du pays, absorbant tous ses produits et portant sur tous les points le mouvement et la richesse.

Ce système sera la seule garantie de domination, de stabilité et d'exploitation sérieuse ; seul il pourra dans l'avenir attirer et fixer les capitaux et les travailleurs, en donnant la sécurité et la liberté des transactions et résoudre avantageusement la question.

Ce n'est pas à dire qu'en créant le réseau colonial, on doive disséminer l'armée en autant de petits postes, qui lui ôteraient sa force et la rapidité de ses mouvements : ce serait donner aux colons une protection bien illusoire, comme l'a démontré l'expérience et ne pas atteindre le but proposé.

Puisque l'ensemble du système devra être assez fort pour contenir les populations, en n'étant appuyé en temps ordinaire que de l'influence morale de l'armée, il faudra lui assurer une direction unique, telle que l'accord et la simultanéité puissent suppléer au nombre.

Il sera nécessaire aussi de donner au noyau de chaque colonie une construction solide et susceptible de résistance, pour remplacer les liens de famille et de confiance qui lui manqueront dans le principe.

Cette constitution, quels que soient les éléments qu'elle aura à régir, ne pourra être que fort analogue à l'organisation militaire. Cette proposition ne sera point étrange pour qui a vu le zèle des gardes nationales de France en 1848, et il n'est certes pas injuste de la part de l'État d'exiger que les colons puissent défendre, dans les circonstances ordinaires, l'établissement dont il les aura gratifiés.

Jusqu'ici on a pu voir que la masse des colons qui sont venus en Afrique, ne sont ni les bons ouvriers ni les bons agriculteurs de la métropole : ceux-ci ne lâchent point la proie pour l'ombre. Ce sont plutôt des aventuriers et coureurs de fortune, à la recherche d'une position indépendante, de la propriété et de la considération qu'elle comporte et particulièrement propres à former cette population urbaine qui manque au pays.

Nous ne manquerons pas de sujets, et en retour de ses bienfaits, l'État pourra toujours exiger de ceux qui se présenteront, les garanties indispensables à son but et à la moralité de son œuvre, les soumettre aux conditions qui lui assureront en tous temps leur oncours, et, surtout dans leurs rapports avec les indigènes, à une autorité qui connaisse de la direction des intérêts généraux. Le tout dans leur intérêt et à leur plus grand avantage, comme nous allons le faire voir.

Un avantage notable à poursuivre, avec tous les autres, c'est le bon marché de l'établissement, et je me suis déjà avancé à dire qu'il peut et doit rester à la charge de la conquête.

Aperçu des ressources de la période de création.

Pour apprécier les ressources dont pourra s'aider le système de colonies chefs-lieux, rappelons-nous le rôle du chef-lieu de préfecture en France et les priviléges dont il jouit sur les localités moins qualifiées de son département. Ne les exploite-t-il pas de toutes façons, administrant, centralisant commerce et industrie, imposant des tarifs d'octroi, des centimes additionels, pour faire face à ses besoins.

C'est là son privilége de bourgeoisie, un droit de cité, qui a remplacé ceux de l'ancien régime et s'il est bien ici, il sera meilleur en Afrique de le concéder à chaque colonie sur la circonscription dont elle sera le chef-lieu. Si le rapport numérique de l'une à l'autre est bien observé, il y aura dans les ressources locales pour créer le chef-lieu, et plus tard pour le soutenir par les mêmes moyens que nous voyons employer en France, impôts additionnels, octrois ou droits sur les marchés, corvées ou prestations en nature, sans parler de l'emploi qu'elles assureront à l'industrie particulière.

Il me suffit d'indiquer pour le moment ces ressources ; j'examinerai plus tard leur valeur pour prouver que, bien ménagées, elles pourront presque suffire à l'établissement du système.

Une conséquence de tout ceci et qui a dû sauter aux yeux, c'est que l'administration du canton arabe sera donnée à son chef-lieu qui, centralisant toutes les influences, prêtera à l'action du gouvernement un appui immédiat.

On voit qu'il y aura à changer peu à peu dans ces conditions l'ensemble de l'administration des populations indigènes, ce qu'il ne nous a été loisible ni avantageux de faire tant qu'elles sont restées en dehors de nous et, pour ainsi dire, abandonnées à elles-mêmes. Ainsi, pour assurer la suprématie de la colonie sur son canton, on s'appliquerait à fractionner celui-ci en communes indépendantes, et autant que possible isolées l'une de l'autre, n'ayant de commun que la similitude d'intérêts et les liens d'administration qui les rattacheront à la colonie. En un mot, on substituera dans le canton, à toute autre influence, celle de l'administration et de la colonie chef-lieu, qui le doit représenter.

J'entends dire que l'aristocratie arabe a trop de racines dans le pays pour qu'on puisse espérer de la supplanter, et que les préjugés arabes s'y refuseront.

Mais son existence est incompatible de tous points avec notre conquête, à moins de renoncer à en tirer parti pour nous-mêmes. Où sera son rôle utile et possible pour conserver son influence lorsqu'elle aura perdu l'exploitation et l'administration des populations indigènes, à qui nous donnerons toute satisfaction sur leurs intérêts et leur liberté intérieure. Ces populations savent bien qu'on ne peut en même temps servir deux maîtres. L'aristocratie arabe se rattachera donc à nous pour ne pas tout perdre à la fois et continuera de nous servir, sinon par sympathie, du moins par nécessité.

Est-ce à dire qu'il n'y aura plus d'aristocratie? Evidemment non. Seulement à cette puissance peu morale d'un peuple naïf en ses croyances, je propose de substituer une aristocratie plus jeune, plus en rapport avec nos mœurs, nos habitudes et nos besoins.

C'est une conséquence inévitable d'un établissement sérieux, comprise dès le premier jour par ceux qu'elle menace, que nous pouvons reculer ou mitiger mais qu'il n'est pas en nous d'éviter.

Cette sorte d'aristocratie à introduire dans le pays, c'est l'ensemble de la colonisation officielle. Ses principes sont comme on le voit, fort peu féodaux et très-acceptables ; outre que les avantages qui lui sont faits n'ont rien de nouveau, je ne vois pas à moins, possibilité d'attirer et de fixer en Afrique une population assez considérable pour satisfaire aux conditions de l'œuvre. Elle sera pour l'Arabe le gage de la conciliation de ses intérêts avec les nôtres, loin d'être une menace d'oppression et de spoliation, comme l'a été jusqu'ici la colonisation libre.

Il sera plus à propos de faire entrer ces considérations dans un chapitre particulier destiné à faire connaître la constitution et l'administration des populations indigènes, et des convenances du remaniement à y apporter pour les faire concourir au but. Cette discussion ne pourra, je l'espère, que mieux établir le système proposé dans l'esprit du lecteur.

Mais on le comprend, ce n'est qu'après avoir installé sur tous les points une population européenne considérable et donnant toutes garanties de sécurité, de travail et de liberté dans les transactions, qu'on pourra espérer de voir les capitaux s'offrir à l'exploitation du pays, et y créer la grande propriété et l'industrie.

Voici donc un plan dans l'exécution duquel il faut sans doute engager quelque chose, et surtout fixer sa résolution : mais il y a un résultat à poursuivre hardiment et à obtenir, alors que nous sommes forts par nos armes, et que nous pouvons imposer notre volonté.

La colonisation a été jusqu'ici une menace sans effet, une prise que nous donnons à l'ennemi sur nous-mêmes. Les retards et tempéraments que nous y apportons ne font qu'amasser contre nous plus de haines, sans nous enraciner dans le pays, et conserver plus longtemps à l'Arabe l'espoir de nous en chasser. Plus tard et dans telles circonstances à prévoir, il serait plus audacieux de songer à soutenir un établissement incomplet et qui ne saurait être qu'un embarras : ce serait une conquête à abandonner.

S'il s'agit au contraire de la conserver et d'en tirer parti, en raison de ses ressources et de ce qu'elle a coûté, l'entreprise est grande et hardie; mais telle que je l'ai dite, elle a ses bornes dans un avenir prochain; elle suffit à nos forces; elle est moins coûteuse, moins hasardeuse et plus féconde en résultats sérieux que tout autre.

CHAPITRE III.

TABLEAU PARTICULIER DE L'ÉTABLISSEMENT DE LA COLONISATION.

Après avoir tant répété qu'il faut à la coloniation un avenir plus clair et surtout plus prochain que celui qui lui a été ouvert jusqu'à présent, c'est le moment pour moi d'en fixer les termes.

C'est à quoi je vais tâcher dans ce chapitre. Je ne saurais avoir la prétention de le faire avec certitude, n'ayant pour cela ni la mission, ni les documents officiels. Mais j'espère, en raison de la marche que je vais suivre, que mon plan établi sur des chiffres sans authenticité, méritera d'être pris en considération et reconstruit sur les bases d'un statistique exacte.

J'ai fait voir qu'il doit exister un rapport nécessaire entre le chiffre de la population indigène existante et celui de la population coloniale à établir par les soins du gouvernement, aux chefs-lieux des différentes circonscriptions.

C'est ce rapport qui fixera les limites que doit atteindre la colonisation officielle ; — Le nombre de familles qui la devront composer ; — la quantité de terres qu'il faudra réserver. La question de temps et celle du capital nécessaire à leur complète installation. J'indiquerai les sources auxquelles on trouvera dans notre conquête elle-même de quoi faire face à ces dépenses et enfin les résultats immédiats qu'on en pourra retirer.

Le rapport qui doit exister entre la population indigène et la population coloniale des chefs-lieux ne saurait être moindre pour celle-ci du dixième de la première. Car il importe d'abord de donner à l'ensemble de l'établissement européen la force de maintenir le pays, pour arriver ainsi à en réduire l'occupation militaire. En Europe, le rapport est généralement bien plus considérable en faveur de la population urbaine sur la population rurale.

Le chiffre qui me paraît le plus valable de la population indigène est de quatre millions (1) : la colo-

---

(1) C'est le chiffre qui était assez généralement adopté avant les recensements officiels qui l'ont considérablement diminué et fait descendre à trois millions.

nisation officielle devra donc établir quatre cent mille européens.

Voyons comment ils devront être répartis. Le maréchal Bugeaud a fixé à trois cents le nombre de familles de chacune de ces colonies : Je ne puis mieux faire que d'adopter ce chiffre pour chaque chef-lieu. Je fixerai le nombre des chefs-lieux à trois cents et j'admettrai, sans m'écarter beaucoup de la vérité, l'existence de trois mille communes arabes ou tribus élémentaires (1), également de trois cents feux chacune, dans la totalité de l'Algérie.

Ce seront quatre-vingt-dix mille familles européennes à installer, atteignant, à la moyenne de quatre personnes par famille, un chiffre total de trois cent soixante mille âmes La différence au chiffre adopté ci-dessus sera remplie par la population française et agricole déjà établie.

Il s'agit maintenant de s'assurer les terres pour caser tant de monde. On pourra, je crois, donner moins de 4000 hectares à chaque colonie : dont 500 hectares réservés au domaine de l'État pour en disposer plus tard et le reste partagé en concessions à une moyenne de dix hectares ou réservé au communal.

---

(1) Le nombre de tribus commandées par des Caïds est de 1200 pour toute l'Algérie ; j'entends parler ici de grandes fractions de tribus.

Ce sera donc au total, douze cent mille hectares à prendre sur la surface des terres cultivables, qui est un peu plus du tiers de la surface totale de la France, environ vingt millions d'hectares.

Or, cette surface cultivable n'est occupée que par trois millions d'indigènes, qui ont en moyenne six hectares par tête ou quatre fois la moyenne de la France et dont une majeure partie est acculée aux montagnes, le reste clairsemé dans les plaines.

On voit assez par là qu'il n'y a pas à se faire grand scrupule de ne prendre que le vingtième des terres cultivables pour y établir une population européenne qui doit être le dixième du chiffre total de la population indigène.

Il est bon de faire remarquer de plus qu'une bonne part du nombre d'hectares demandés par la colonisation serait fournie par les terres existant sur tous les points au domaine de l'État.

J'ai à examiner enfin à quoi se monteront les dépenses de l'installation, le temps qu'il faudra pour la terminer et par suite ce qu'elle coûtera chaque année.

Aperçu de dépenses de cette période.

On admettra sans doute que sur les trois cents centres coloniaux à établir, le cinquième de ce nombre pourra s'élever jusqu'au parachèvement de l'ensemble, sans autres avances du gouvernement que la concession des terres au taux ci-dessus dit. Ce seront dix-huit mille familles qui s'établiront à leurs frais et qui, placées aux points les plus favorisés et sous une protection plus immédiate, serviront à créer, dans l'intérieur du cadre général, les trente chefs-lieux de subdivisions et de cercles, leurs banlieues et les villages de route.

Ce sont soixante centres à défalquer de l'état des dépenses et qui ne compteront que pour le relevé des terres à réserver à la colonisation et pour tenir leur place dans l'ensemble du système.

Les deux cent quarante chefs-lieux restant à la charge du gouvernement, on peut également réserver, pour un avenir plus éloigné, lorsque notre établissement sera plus solidement ancré dans le pays, la création d'un autre cinquième, soit soixante colonies, qui seront placées alors dans les circonscriptions les plus reculées ou les plus difficiles, aux marches du désert ou au milieu des montagnes Kabyles.

Le plus pressé de l'entreprise est donc d'établir aux frais du pays deux cent quarante colonies, dont cent quatre-vingts seulement aux frais de l'État.

D'après les données de M. le maréchal Bugeaud et au compte de 3,000 fr. par famille, l'établissement d'un village reviendrait à 900,000 francs. C'est donc 180,000,000 qu'il en coûtera pour les centres subventionnés.

Il a fallu vingt ans pour faire et assurer la conquête du pays, on ne peut demander moins de vingt ans pour le coloniser et le repeupler; et employer plus de temps serait vouloir prolonger indéfiniment une occupation militaire ruineuse, et qu'on ne pourra réduire qu'après l'entier achèvement du système.

Nous nous fixerons donc à la création de douez centres coloniaux par chaque année, qui reviendra, aux termes du présent compte, à une somme annuelle de 9,000,000, pour les neuf autres à la charge de l'État.

C'est fort cher; mais en faisant cette conquête, on en a dû prévoir les conséquences nécessaires que je viens de déduire. Je n'ai pas à revenir sur ce sujet, je veux seulement examiner en quelle façon les indigènes pourront fournir à ces dépenses : ce qui est assez juste, puisqu'il est naturel que les vaincus paient les frais de la guerre.

Détail des ressources indigènes qui viendront en aide à la création officielle.

J'admets que la totalité des revenus de l'Algérie vaille au gouvernement 30,000,000 par an : c'est à raison de 4,000,000 de contribuables, mais de huit francs par tête, tandis qu'en France l'impôt s'élève en moyenne à 40 francs par tête. Je sais qu'il y a incomparablement plus de mouvement et de richesses dans un pays que dans l'autre, mais qu'on observe avec tout cela que l'indigène a quatre fois plus de terre et sans doute plus de ressources que la moyenne du peuple français. La proportion gardée contre l'un et l'autre ne paraît donc pas juste et je n'hésite pas à dire qu'on devra grever l'impôt arabe des sommes nécessaires à l'établissement de la colonisation : d'autant plus que cet argent ne sortira pas du pays et que son emploi sera un bienfait pour ceux-mêmes auxquels nous le demandons.

Pour faire face aux dépenses que réclame annuellement la colonisation , il faudra donc augmenter la moyenne individuelle de l'impôt de 2 francs 25 centimes, et la porter à 9 francs 75 centimes; c'est une augmentation peu notable pour des résultats aussi considérables que ceux que j'ai indiqués tout à l'heure.

Il serait impossible de répartir ainsi cette augmentation d'impôt par tête, d'autant plus que la capitation n'est pas admise par les Musulmans. Il faut donc recourir à d'autres moyens pour l'obtenir : il y en a de deux sortes.

D'une part, le perfectionnement et l'économie des procédés fiscaux, qui pourront atteindre plus sûrement les matières soumises aux impôts déjà existants; c'est ce que l'on doit attendre du progrès journalier de notre influence et de l'établissement dans chaque circonscription d'une administration locale, particulièrement intéressée à ne laisser perdre aucune ressource.

D'autre part, la mise en vigueur et la perception de droits, qui ne sont ni inconnus ni tombés en désuétude, et dont le caractère et la nature n'ont rien de particulièrement vexatoire pour les populations. C'est à l'administration de proportionner la charge de ces impôts avec la richesse des populations et de bien fixer le moment utile de les percevoir.

Ces droits à réclamer sont, pour les principaux qui seront payables en nature : les centimes additionnels sur les impôts zekkat et âchour, que M. le maréchal Bugeaud a autorisé les tribus à s'imposer pour subvenir aux frais de la colonisation arabe. C'est la *Mâouma* qui était réclamée par Ab-del-Kader pour les frais extraordinaires de la guerre sainte.

La *Gâda* ou droit d'investiture, tribut de soumission, payable par chaque tribu, qui doit donner un cheval.

La *Sokkra* ou réquisition de transport et la *Touïza*, corvée ou prestation en nature, notamment pour les labours des propriétés de l'État, auxquels les Arabes employent leurs bœufs et charrues.

Tous ces droits seront payés en nature; cette manière de percevoir grève moins les populations indigènes et les produits seront attribués à la fourniture du mobilier agricole des colons, qu'il serait trop dispendieux de leur procurer par voie d'achats.

J'estimerai toutefois leur valeur en argent pour la défalquer de la somme de 9,000,000 ci-dessus dite. Or, d'après les chiffres donnés par M. le maréchal Bugeaud, voici ce qu'il faut donner comme cheptel à chaque famille de colons lors de son établissement :

Une paire de bœufs, à raison de cent francs pièce (les bœufs sont de beaucoup moins chers à l'époque de la perception du zekkat ou impôt sur les bestiaux) ; ensemble la charrue arabe ;

Deux vaches au même taux ;

Quinze brebis, dont un bélier, valant aux Arabes cinq francs pièce ;

Trois hectolitres de blé, à dix francs l'un ;

Quatre hectolitres d'orge à cinq francs l'un, prix du grain à l'époque de la perception de l'âchour ou impôt sur les grains ;

Quarante chevaux ou juments par village, à deux cent cinquante francs l'un ;

Plus, une truie et fourniture de basse-cour, pour lesquelles il faudra recouvrer une certaine somme sur les droits ci-dessus dits.

Il faut donc fournir par an et pour l'établissement des neuf colonies, les prestations en nature suivantes, au tableau desquelles je joins celui de leur valeur en argent :

3,000	paires de bœufs avec les charrues	600,000 fr.
6,000	vaches.	600,000
45,000	brebis et béliers	225,000
9,000	hectolitres de blé pour semences	90,000
12,000	id. d'orge id. . . .	60,000
400	juments	100,000
	Pour achat de taureaux et d'étalons, truies et animaux de basses-cours, 10,000 fr. par village ci	10,000
	Total	1,685,000 fr.

Ce qui fait visiblement 1,800,000 francs à recouvrer sur les droits énoncés plus haut.

Ainsi, entre le droit de gâda et les centimes additionnels à l'impôt, ce sont au compte de 3,000 communes arabes, 600 francs que chacune devra fournir annuellement, à moins de 50 centimes par tête.

J'estime toutes les quantités solidairement et sans indiquer en particulier ce qui devra être perçu additionnellement au zekkat ou à l'âchour ou en acquittement du droit de gâda. Je crois en effet que la bonne manière de répartir ces demandes en nature, pour que les tribus ne se trouvent pas inégalement foulées en payant la même quantité, serait aussi de les percevoir solidairement pour toute l'Algérie, en demandant à chaque contrée la production qui lui est particulière.

Il ne faut pas craindre pour l'avenir du pays, le versement par les indigènes des quantités de bétail réclamées annuellement par la colonisation ; car depuis plusieurs années déjà l'impôt du zekkat, dû sur la propriété mobilière, est intégralement acquitté en argent.

Venons à l'estimation de la corvée ou prestation en nature, due par l'indigène, sans rétribution aucune On peut fixer ce droit, à raison de quatre journées par an et par famille, dont deux en été et deux en hiver. Ce serait donc, au compte de 1,200 journées par chacune des 3,000 communes arabes, un total de 3,600,000 journées. En estimant la journée un peu plus haut que 0,50 centimes, la valeur de la prestation en nature s'élève à près de deux millions de francs.

On peut voir que dans l'appréciation de la prestation en nature, comme dans celle des fournitures faites à la colonisation, je reste beaucoup en dessous de la valeur vénale et de l'appréciation faite par les calculs du Maréchal. Cela doit être sensible ici surtout, car ces journées pourront être affectées à des labours, aux transports et à la fourniture des bois du pays, et gagnant ainsi pour nous une valeur beaucoup plus considérable, diminueront d'autant le chapitre des dépenses.

La valeur totale de ces droits estimés en argent ne laisse pas de monter à une somme de quatre millions que je défalquerai du budget de la colonisation. Il reste donc à retrouver dans le pays cinq millions de francs, et je prétends, comme je l'ai déjà dit, que l'économie et une appréciation plus exacte des ressources du pays, suffiraient à les faire retrouver sur les impôts existants.

L'examen de cette partie de la question viendra plus en son lieu et sera susceptible de plus de développements lorsque j'en serai à parler de l'administration des peuples indigènes. Il convient toutefois de faire entrevoir ici comment nos procédés fiscaux peuvent être perfectionnés et ce qu'ils doivent atteindre.

La conséquence du système de colonisation que j'expose ici est de nous attribuer sur tous les points l'administration des circonscriptions indigènes restées jusqu'ici en dehors de nous. C'est assez dire qu'on arrivera bientôt à mieux connaître et à surveiller plus exactement l'appréciation des ressources et la répartition des charges qu'elles doivent supporter. Cette surveillance permettra de protéger et d'encourager la production qui est restée jusqu'ici en proie à l'avidité et à l'indiscrétion de nos agents subalternes.

On y gagnera immédiatement, selon moi, plus du dixième de l'impôt actuellement perçu ; je ne veux point parler du dixième qui est abandonné légalement aux agents indigènes chargés de la perception et qu'on devra leur continuer, mais d'un boni véritable.

Ainsi quand il s'agit de percevoir le zekkat ou impôt sur la propriété mobilière, on n'atteint encore que les bestiaux et on néglige des ressources qui ont une bien grande valeur, l'huile, la cire, les fruits, faute de pouvoir les estimer exactement, excepté dans les zibans où les palmiers, sont soumis à un impôt particulier.

On doit négliger également de percevoir cet impôt sur les transactions, faute de les pouvoir surveiller. On pourrait cependant, par l'intermédiaire des cadis, arriver à imposer un droit de timbre sur tous les actes authentiques, ce qui serait le complément du zekkat.

Le droit de percevoir dans les marchés publics sur toutes les ventes, dit *moks*, en est également un complément : ce droit est reconnu partout et on ne peut nier qu'il ait une valeur considérable, mais nous ne l'exerçons point.

Il en est de même des droits reconnus par la législation musulmane sur les transmissions d'héritages et qui doivent figurer au même titre.

Mais je rappelle surtout la difficulté de surveiller l'imposition et la perception des amendes, qui sont pour la plupart des chefs indigènes, la source la plus claire de leurs revenus et sur lesquelles le trésor gagne bien peu, dans le pays du monde où il se commet le plus de délits passibles de cette peine.

N'y aura-t-il pas dans tout cela pour bien de l'argent, et croit-on que les dépenses que demande l'établissement du présent système de colonisation ne seront pas compensées et au-delà par les avantages d'une administration plus directe du pays, sa conséquence immédiate.

Je ne saurais donc être malvenu à demander que le complément du budget de la colonisation soit pris sur les fonds provenant des impôts arabes.

Mais je trouve une autre ressource et qui mérite également d'être prise en considération, tant dans le produit annuel des terres réservées à la colonisation qui pourront jusqu'à l'installation successive de chaque colonie, être affermées ou exploitées directement par les soins des agents du gouvernement, que dans le rapport plus certain des cinq cents hectares assignés au domaine de l'État pour être vendus plus tard dans le territoire de chaque chef-lieu.

Je ne doute pas qu'il n'y ait dans ce produit, tant en grains qu'en fourrages, plus qu'il ne faut pour les premiers besoins des colons avant que leurs terres aient été mises en rapport.

Plus tard et lorsque le pays aura acquis assez de valeur pour attirer les capitaux, ce seront cent cinquante mille hectares de terres parfaitement situées et qui trouveront bien leur prix.

Enfin sur les emplacements réservés aux différents chefs-lieux, on devra quelque temps à l'avance établir l'administration du canton arabe, qui préparera l'installation des colons. Lorsque ceux-ci arriveront, ils y trouveront élevée une maison forte pour cette administration ; plus les travaux pressants, pour l'utilité du canton, établis avec sa coopération, comme moulins, fours à chaux, à plâtre et à briques, fondouk, pépinières, prises d'eau pour arrosement etc., qui seront autant à défalquer de l'état des dépenses.

J'aurais pu me placer fort au-dessous du chiffre demandé par M. le maréchal Bugeaud pour calculer le budget annuel de la colonisation; car il suppose tout à un prix de revient fort élevé et tel que si nous ne nous aidions point des ressources du pays. Ainsi il suppose que les bois de construction seront amenés des bords de la mer. J'admets ici l'emploi des bois du pays dont le prix de revient sera presque nul. Il a admis également pour les différentes fournitures et avances faites aux colons, un tarif beaucoup plus fort qu'il n'est en réalité dans le pays.

C'est donc une raison de plus en faveur de son système de colonisation de pouvoir trouver dans les ressources indigènes de quoi le créer, en le plaçant même dans les circonstances les plus défavorables et de pouvoir l'achever dans un temps aussi prochain pour l'immensité de l'entreprise.

Pour terminer, il faut examiner les résultats qu'on est assuré d'obtenir après son entier accomplissement et l'installation complète de la colonie officielle.

Aperçu des résultats qu'on peut attendre dans l'avenir de la colonisation officielle.

Le gouvernement aura installé au bout de vingt-cinq ans et pour environ 200 millions de francs, une population qui se peut évaluer, compris celle qui existe déjà, à 500,000 âmes. On peut croire qu'avec ce que la colonisation libre en aura établi et l'augmentation de la population indigène après une longue période de paix et de bien-être, la population totale de l'Algérie sera de 5 millions d'âmes.

La production et le mouvement commercial auraient suivi dans leur progression une marche beaucoup plus rapide; l'impôt les suivra de près et l'on peut espérer qu'il présentera à la France un revenu de 125 millions de francs pour les 5 millions d'habitants et à raison de 25 francs par tête, bien inférieure encore à ce qu'est dans la métropole la moyenne individuelle de l'impôt.

Ce calcul établi sur une base assez modeste, nous présente, dans un avenir rapproché une amélioration bien considérable dans la situation financière où l'Algérie est portée annuellement pour un déficit de cinquante millions. Par suite de la réduction de l'occupation militaire et des dépenses d'installation, son budget de dépenses pourra être réduit à cinquante millions. Ce sera donc un revenu de soixante.

quinze millions que cette possession présentera au trésor.

Je n'ai présenté qu'un des avantages que produira la solution prompte et radicale de la question; les autres sont assez connus pour que je n'en dise rien de plus en ce moment : trop heureux si j'ai pu faire passer dans l'esprit du lecteur ma conviction sur l'intérêt et l'économie de ce système.

CHAPITRE IV.

CONSTITUTION POLITIQUE DE LA SOCIÉTÉ EN ALGÉRIE.

Possibilité de mettre en rapport l'organisation administrative des indigènes avec l'organisation coloniale.

Dans l'*Exposé de l'état actuel de la société arabe*, ouvrage publié en 1843, par les soins de M. le colonel Daumas, et sous les auspices de M. le maréchal Bugeaud, je lis les phrases suivantes :

« La forme de la société arabe dérive de l'auto-
« rité donnée par le koran lui-même à la vie de fa-
« mille et au chef de famille ; ce qui tend à créer
« dans l'État de petites nations presque indépen-
« dantes...

« N'ayant ni les loisirs ni les moyens d'innover, il

« a fallu s'en abstenir pour ne pas augmenter les « difficultés de tout genre qui existent entre nous et « les Arabes; et il a fallu leur conserver un mode « de gouvernement connu d'eux et fondé sur leurs « usages et traditions. »

L'auteur de ce document presque officiel reconnaît dans la suite de notre occupation, la nécessité de changer dans l'organisation actuelle des populations indigènes ce qu'elle présente d'incompatible avec les progrès de notre établissement.

C'est par cette raison, ajoute-t-il, que le gouvernement a introduit dans leur administration un élément à sa dévotion, le bureau arabe, dont le rôle est d'appliquer et d'étudier les réformes que je viens de dire.

Puisque j'ai reconnu la nécessité de mettre en rapport l'organisation des indigènes avec l'ensemble du réseau colonisateur, je n'hésiterai donc point à en faire l'examen dans ce sens et à étudier les remaniements qu'il est à propos d'y apporter.

Je ne pourrais d'ailleurs passer sur ce sujet sans en rien dire, puisque l'emploi des indigènes doit être, selon moi, le principe générateur de notre établissement européen.

J'examinerai également l'administration qui régit ces populations et en ménage les ressources, la part qui y est faite au bureau arabe et la mission qu'il y doit remplir, comme agent de régénération et précurseur de la colonisation.

Éléments sociaux.

La constitution primitive de la société arabe est purement patriarchale et on doit la reconnaître comme dominante en Afrique dans certaines limites. Il est juste et prudent de la respecter, à moins de vouloir entamer une réforme sociale dont on ne peut prévoir le terme et à laquelle on ne voit pas non plus d'intérêt positif.

Mais la constitution patriarchale, comme la vie de famille, ne peut atteindre que certaines limites en dehors desquelles toute réforme sera purement politique. Si l'on trouve quelque nécessité de la faire ou quelqu'avantage immédiat pour l'État, le droit n'en peut être mis en doute ; il est acquis à la conquête et peut être appliqué autant que les circonstances le permettent.

L'élément social est ici la famille considérablement étendue, et on le trouve dans la fraction arabe. L'auteur de l'*Exposé de l'état actuel de la Société arabe* le signale en ces termes : « Dans une tribu « composée de plusieurs *fercas* ou fractions, le ter- « rain occupé par la ferca constitue une circonscrip- « tion distincte dans la tribu et dans laquelle les « propriétés des douars (réunion de feux) sont « mêlées. »

Cette fraction est commandée et administrée généralement par le chef reconnu de la famille, comme l'indique le titre de *cheikh* ou ancien : et voilà bien la forme patriarchale. Mais elle s'arrête là ; et si on la retrouve plus haut, c'est par une usurpation facile dans une société abandonnée à la violence et composée d'éléments hétérogènes.

Élément politique.

L'élément politique est la tribu ou l'*outhan* (circonscription administrative représentant le canton) composée de plusieurs fractions. Chaque fraction y représente la commune; elle est reliée à ses voisines par des liens d'origine ou d'intérêts d'autant plus forts qu'ils ont été plus nécessaires à une époque d'anarchie, de tyrannie ou de désordres, de se serrer pour conserver ses biens et son honneur. Cette tendance est généralement exploitée par des familles qui se sont imposées par le moyen de leurs partisans, et ont rattaché à elles-mêmes les intérêts communs aux fractions alliées. Mais aussi bien que l'État aristocratique, on trouve la démocratie, suivant les circonstances et le génie des populations. En tout cas, le chef de la circonscription ou de la tribu a un rôle tout politique, comme le montre son titre de *caïd*, ou conducteur.

La commune ou ferca doit régler elle-même, dans

son sein, les droits de chacun, et elle ne peut aliéner son administration particulière qui est celle d'une famille. Nous devons donc lui garantir toute liberté intérieure.

Dans l'outhau ou la tribu, nous devons respecter et conserver avec soin la solidarité d'intérêts qui l'a formée. Elle est dans la nature des choses, et il nous serait impossible de la faire disparaître. Mais nous pouvons nous en attribuer la direction toute politique, suivant la nécessité.

Une organisation sérieuse doit donc être renfermée dans ces limites :

Garantir les libertés communales et éviter les réformes sociales, au moins intempestives, pour nous assurer l'action politique autant que la justice et l'intérêt public l'exigeront.

Nécessité d'amener à la conquête de la directiou politique et administrative,

En l'absence d'un pouvoir régulier se sont créées, spontanément et par le fait de circonstances locales, les unités politiques, outhaus réunis administrativement sous la main d'un seul chef, grandes tribus formées par unité d'origine ou sous l'influence d'une famille, confédérations de communes ou de tribus liées par communauté d'intérêts.

Chacune de ces unités, prise isolément, est considérable par la solidarité des éléments qu'elle réunit; mais l'ensemble n'en saurait jamais constituer une puissance. Tout au plus, peut-il présenter une confédération momentanée, mais sans liens sérieux, et presque aussitôt dissoute que formée.

L'exemple du règne d'Abd-el-Kader est près de nous pour montrer la nationalité musulmane impuissante à se reconstituer, en face du danger commun, par le fait des intérêts locaux. L'émir n'a pu concilier les tendances personnelles de ceux qui les exploitaient avec l'intérêt national et religieux, à part l'appui disproportionné que ces tendances trouvèrent en nous. Il n'eût jamais été plus embarrassé qu'après son triomphe. S'il eût voulu maintenir l'unité, établir une administration régulière, l'influence religieuse, disparaissant de nouveau faute d'aliments à offrir à l'imagination des masses, ses plans eussent échoué devant les résistances locales.

Dans l'ordre politique, chaque unité forme donc une petite nation à part et n'ayant de commun avec ses voisins que les analogies ou les antagonismes d'intérêts qui les arment ou les allient entre elles.

Toutefois, chacun de ces petits États, pour son existence particulière, dépense une somme considérable de forces et d'argent, perdue pour l'accroissement de la prospérité générale, perdue pour la défense de sa nationalité.

Si cette constitution n'est point à l'avantage du

pays, à plus forte raison le conquérant n'y doit point trouver son compte, lui qui doit songer, avant tout, à tirer de sa conquête et pour soi-même tout le parti possible, et, dans l'intérêt de sa domination, à en bien tenir l'ensemble dans la main. Laisse-t-il, au contraire, chaque unité en dehors de son action politique et soumise à des influences locales et ennemies; les résistances partielles exigent de sérieux efforts, successifs et incessants, qui le fatiguent, lui coûtent plus que n'en valent les résultats, et, en dernière analyse, ruinent le pays.

Sans doute le gouvernement turc dut profiter, pour s'établir, de l'isolement des tribus, en les écrasant l'une après l'autre de sa supériorité relative. Il dut appliquer, pour assurer sa domination, la maxime *diviser pour régner*. Se recrutant d'aventuriers de toute sorte, il ne représentait pas en Afrique une nation conquérante, il vivait d'expédients et au jour la journée. Il ne s'agissait pour lui que d'exploiter le pays, à la seule condition d'y trouver plus de recettes que de dépenses; il ne hasardait rien et il lui restait toujours pour dernière ressource de se payer sur la peau de la bête. Il ne pouvait donc songer à tirer un autre parti de sa conquête, ni à l'administrer d'une manière plus rationnelle. Aussi a-t-il ruiné peu à peu ses forces vives et l'a-t-il dû perdre au premier revers, en nous abandonnant un héritage presque sans valeur.

Ce n'est pas un modèle à proposer à une nation civilisée.

On a assez éprouvé dans les premiers jours de notre conquête que cette politique d'expédients n'est pas notre fait et qu'elle ne répond en rien à la grandeur de l'œuvre que la France a entreprise. Il est impossible de la mener à son terme en se contentant d'une souveraineté aussi disputée et aussi restreinte sur l'ensemble du pays, et de n'avoir pour son administration générale qu'un droit de suzeraineté à exercer sur les différentes circonscriptions qui le composent.

L'existence isolée, presque indépendante et féodale, de ces circonscriptions, est un danger pour le conquérant, une difficulté de chaque instant pour sa domination, la ruine du pays. Il faut donc que notre action politique descende jusqu'à l'administration de chacune d'elles.

S'il est important en effet de respecter les libertés intérieures des communes et les lois sociales et religieuses consacrées par le Koran, il est impossible de résigner complètement en d'autres mains que les nôtres l'exercice des droits de souveraineté, savoir : la fixation des impôts et le contrôle des opérations qui s'y rattachent, la direction de la police générale et de l'autorité administrative tout entière. Ces droits confèrent une autorité discrétionnaire qui commande dans leur exercice la plus grande sollicitude pour les susceptibilités ombrageuses d'un peuple nouvellement conquis, et surtout dans un pays où tout est à faire et dont il faut ménager les moindres ressources.

Il n'est pas moins nécessaire de respecter, mais sans la laisser en dehors de l'initiative du gouvernement, l'existence particulière des circonscriptions territoriales basée sur une solidarité d'intérêts fort légitime. En raison de droits acquis, nous en continuerons la gestion et le commandement à ceux qui les possèdent, sous la direction de l'autorité française et soumis à un vigilant contrôle.

Antécédents historiques du système d'un réseau colonial et administratif

Cette direction et ce contrôle ne peuvent être sérieux qu'à la condition d'être placés à portée des influences anciennement établies et des éléments qu'elles exploitaient. Ce qui exige dans chaque circonscription l'établissement d'un agent local de l'administration française, qui puisse leur offrir un recours direct et immédiat.

Mais il faut songer à appuyer son autorité contre le mauvais vouloir des influences anciennes et l'établir dans l'esprit public. Pense-t-on que la force y suffirait? et quelle force ne faudrait-il pas pour la maintenir dans son isolement? Son véritable appui sera dans la confiance des populations qui la refuseront tant que nous n'aurons pas sérieusement engagé nos intérêts avec les leurs. Cette garantie indispensable ne peut leur être offerte que par l'installation au milieu d'elles d'un centre colonial et par les relations sociales qui en seront la suite. Ainsi, l'administration obtiendra dans les affaires locales la part d'influence et d'action qui lui est nécessaire et laissera aux indigènes celle qui leur revient dans le réglement de leurs intérêts.

Si le raisonnement ne suffit pas à montrer la nécessité de soutenir dans chaque circonscription l'agent de l'autorité française par un élément de population également national et dévoué, les exemples ne manqueront pas dans l'histoire.

Je citerai d'abord l'autorité des Romains et la création par eux d'un réseau de colonies et de cités embrassant tous les pays conquis.

C'est à cette même nécessité, comprise par les différentes dynasties musulmanes qui ont régné en Afrique que remonte l'origine des tribus Zencorel, Douairs et Abids, colonies militaires ; l'établissement systématique de tribus conquérantes, telles que les Seuhadja et Zenata, que nous trouvons existant encore dans presque toute la Barbarie ; enfin, l'installation de populations étrangères sur des terres prises à des tribus rebelles ou ennemies.

Les Turcs ont dû suivre également cette ligne de conduite sur les points où ils ont pu atteindre et frapper l'aristocratie locale ou la forme fédérative pour leur substituer l'action d'une administration directe. C'est ainsi qu'ils ont créé les outhans ou cantons administratifs de la Régence commandés directement par des caïds turcs, tels que Beni-Mousa, B.-Khelil, Hadjouth, B.-Seliman, B.-Djaâd, Khachena, Ister, etc. Là, ils ont établi des tribus makhzen pour combattre les influences locales et appuyer l'autorité des caïds ; là, aussi, ils ont créé une sorte de colonisation, soit en encourageant l'établissement de nationaux, qui ont laissé de nombreuses familles de coulouglis, soit en attachant les grands dignitaires et membres de l'oudjak aux intérêts locaux par des concessions de terres et des apanages qui ont formé les haouchs des environs des villes.

Malheureusement pour le pays, les ressources de ce gouvernement ne lui permettaient pas d'étendre ce système plus loin : car, c'est sur les points où il était établi, que nous avons trouvé les populations les plus riches et le mieux façonnées à une administration régulière.

Les conclusions de cette étude sont parfaitement identiques à celles des chapitres précédents, quoique prises à un point de vue différent.

La colonisation et l'administration du pays sont inséparables l'une de l'autre et de même que l'une doit régir intégralement la surface du pays, l'autre doit l'embrasser tout entière. Leur établissement simultané est la seule solution satisfaisante à donner à la question de l'Algérie. C'est, je le répéterai encore, la conséquence irrésistible d'un fait voulu par tous les esprits, celui de notre domination sur l'intégralité du territoire algérien.

CHAPITRE V.

ÉTUDE CRITIQUE DE L'ÉTAT ACTUEL DE L'ADMINISTRATION DES INDIGÈNES.

Si l'on examine les faits de notre domination depuis notre établissement en Afrique, on en voit sortir les mêmes conséquences que nous a données le raisonnement.

Ce n'est pas ici le lieu d'une critique passionnée pour tel ou tel parti. A prendre cet examen d'un point de vue plus élevé, on voit que les défauts de l'administration actuelle sont entièrement dans les choses que la conquête a dû accepter : et il est juste de rappeler que dans sa prévoyance, tout en conservant les formes consacrées, l'organisateur a placé à côté d'elles et jusqu'à ce qu'il soit utile de les réformer, le Bureau arabe chargé d'étudier et de préparer leur transformation.

Je ferai dans ce sens, et non dans un esprit de curiosité, l'exposé de l'organisation existante ; je rechercherai les causes qui l'ont fait établir, comment elle se rapporte au but principal qui nous occupe et comment nous la ramènerons à tendre vers ce but.

Aperçu historique de l'établissement de l'administration et de l'organisation actuelle des indigènes.

L'armée conquérante n'a pu recevoir l'immense territoire qui formait l'ancienne régence d'Alger, des mains du gouvernement du dey et par une simple substitution de titres. Les peuples que ce gouvernement régissait avaient trop l'habitude de contester ses droits pour accepter de sa part un pareil traité. On dut renoncer à les maintenir dans l'obéissance en s'assurant le concours de l'administration turque dès-lors méconnue. Il fallut se contenter pendant plusieurs années de l'occupation des principaux points du littoral. Les populations indigènes, restées en dehors de nous, constituèrent, au nom de l'unité religieuse, leur nationalité politique. Dans l'Ouest, elles se donnaient un gouvernement régulier et national par les soins de l'émir Abd-el-Kader ; pendant que la province de Constantine continuait d'obéir aux lois du bey Achmed, qui prétendait ne la relever que du Sultan.

Nous avions de fait les pieds sur la terre africaine et nous possédions des titres pour y réclamer le droit de souveraineté. Mais pour l'imposer, il fallait faire une conquête nouvelle et pied à pied de toute la Régence : car devant nous s'était élevé un pouvoir nouveau et que rien ne pourrait amener à transiger aussi longtemps que substituerait l'esprit d'unité nationale qui l'avait créé.

C'était donc avec les populations elles-mêmes qu'il fallait transiger. On songea d'abord à détruire leur cohésion politique et pour cela, il n'y eût qu'à opposer à l'intérêt religieux et national trop abstrait pour une société constituée comme l'est celle-ci, les intérêts de localité et les tendances féodales dont nous avons constaté l'influence destructive de toute espèce d'unité.

On pouvait tourner contre l'ennemi ses propres armes en acceptant une administration toute semblable à la sienne, déjà connue des Arabes ; mais celle-là, opposée par intérêt à celle de l'émir et dont l'influence serait exclusivement locale ainsi que ses moyens d'action.

Il y avait là certainement de quoi nous attirer les ambitions mécontentes, les partisans du régime déchu, les influences négligées et jeter la discorde au milieu du camp ennemi. Dès-lors l'intérêt personnel devait faire tout le reste à notre profit. Il ne s'agissait plus, pour conserver ces instruments à notre dévotion, que de les compromettre le plus possible à notre service, de leur accorder beaucoup pour en obtenir quelque chose; car on ne pourrait de longtemps avoir aucun rapport d'administration avec le pays que par leur intermédiaire.

On admit, comme l'a dit l'auteur de l'exposé déjà cité, la hiérarchie du commandement établie par l'émir Abd-el-Kader, avec la précaution de sacrifier les dispositions qui avaient le plus blessé l'esprit d'indépendance locale et les intérêts particuliers.

Dans cette organisation, au faîte de la hiérarchie se trouve le *khalifa*, lieutenant du roi, ou le *bach-agha*, placé sous les ordres immédiats du commandant de la subdivision. Il est en rapports directs avec l'autorité française qu'il doit représenter en tous points. Il est plus particulièrement responsable de l'exécution des ordres qu'elle lui transmet, de la répartition et de la perception des impôts (dîme canonique), de l'administration de la justice musulmane de l'observation des lois établies d'ordre et de sécurité générale.

Sous la direction et dans chaque circonscription est placé un *agha*, chargé spécialement du commandement et de l'emploi de la force publique.

Mais l'administration civile et politique de chaque tribu est au *caïd* qui la représente vis-à-vis du khalifa et dans ses rapports avec l'autorité supérieure.

Voilà quels sont nos agents dans l'ordre politique

et les rapports qui les lient dans le système d'administration établi lors de nos premiers succès. Chacun de ces agents est directement intéressé à l'exécution des ordres qu'il reçoit, à la perception des impôts, à la répression des délits. Le dixième de l'impôt recouvré par leurs soins leur est alloué pour frais de perception et chacun d'eux touche un droit sur les amendes, quelle que soit leur origine, dont il assure l'acquittement. Enfin l'agha et le khalifa, instruments plus immédiats de l'autorité française, émargent un traitement considérable, et ils sont appuyés d'un makhzen ou force armée indigène, également soldé d'une manière régulière.

Les *cheikhs* des fractions de tribus restent en dehors de cette hiérarchie, mais ils représentent dans le système complet les intérêts particuliers des populations, contradictoirement avec les agents intéressés de l'administration.

D'ailleurs, les attributions des chefs indigènes ont été déterminées pour chaque échelon et des limites ont été fixées au pouvoir qui leur est délégué pour empêcher les empiétements de l'autorité du fort sur celle du faible et sauvegarder les intérêts des localités et les libertés communales et individuelles.

Enfin, pour assurer et surveiller la marche de cette organisation, on a placé auprès de l'autorité française dans chaque chef-lieu de cercle, de subdivision ou de division, des bureaux arabes chargés plus particulièrement de la direction politique et de correspondre avec les chefs et les populations. On voit avec quel soin, en continuant de suivre les errements anciens, on évita dès le principe de compromettre cette institution nouvelle par des rapports trop directs avec les populations. Son rôle fut tout de conciliation et les indigènes s'habituant à recourir à son arbitrage; leur fanatisme s'éteignit peu à peu et des relations supportables s'établirent entre eux et nous. Le bureau arabe put se mettre à la hauteur de la mission qui lui fut tracée à sa création par l'illustre Maréchal, acquérir les connaissances qui nous ont si longtemps manquées sur le pays et les ressources, les besoins et les mœurs des différentes races et préparer les réformes indispensables dans la suite de notre occupation.

Il était certainement impossible, au milieu d'une lutte continuelle et des embarras d'une conquête récente, d'imaginer un système d'administration qui donnât plus de gages à notre domination, plus de garanties au peuple qu'il devait régir et qui portât moins de traces de violence. Il avait cet immense avantage que nous le trouvions établi et que nous n'avions qu'à changer les hommes pour le tourner à notre usage : il fonctionnait simplement, engageait une foule d'indigènes dans notre cause, sans inquiéter les préjugés, puisque l'autorité française n'y paraissait presque point.

A peine installé, il donna les plus étonnants résultats. Il parut l'arche du salut aux tribus écrasées par l'établissement d'un gouvernement central et le poids d'une guerre disproportionnée. Nous paraissions si peu exigeants avec tant de moyens de l'être et nous montrions si peu de vues pour l'avenir et la régénération du pays, en opposition aux projets ambitieux de l'émir, qu'il se produisit un puissant retour d'opinion en notre faveur. Nos troupes, trouvant partout appui et soutien, purent s'établir aux principaux points stratégiques de l'intérieur et assurer notre domination sur toute l'étendue du territoire. Notre souveraineté fut enfin reconnue et acceptée de tous; les impôts, véritable signe de soumission, s'acquittèrent régulièrement; la paix intérieure se rétablit, au point que de mémoire d'homme on ne se souvenait d'avoir vu un régime aussi bienfaisant. La confiance fit renaître un mouvement commercial depuis longtemps oublié, qui assura les subsistances de l'armée et de la colonie et promit au pays un avenir prospère : enfin si l'on doit s'attendre encore à des soulèvements et à des révoltes, du moins on ne voit plus devant nous un drapeau national qui les rallie et nos droits ne sont contestés par personne.

La force eût été insuffisante à obtenir de pareils résultats, à établir en Afrique un *statu quo* aussi supportable pour la France, aussi avantageux pour notre domination et à le faire accueillir par les indigènes avec tant de faveur.

Mais si le *statu quo* est une loi pour les peuples

avancés en civilisation, cette loi ne peut s'appliquer à une conquête telle qu'est la nôtre. Pour la conquête, s'arrêter c'est reculer et jusqu'à ce qu'elle ait atteint certaines limites nécessaires, elle n'aura rien fait que d'imposer une charge énorme à la métropole. Puisque l'Algérie n'a de valeur pour la France que par l'avenir qu'on espère lui créer, le progrès est sa loi et le seul gage de sa conservation.

Lorsqu'il s'est agi d'établir notre domination et qu'il ne pouvait encore être question de l'avenir on a dû sacrifier aux nécessités du moment. Pour discréditer les tendances à l'unité nationale, il fallut armer contre elles et favoriser les intérêts locaux et particuliers, l'esprit féodal, en un mot, le plus grand obstacle aux progrès de toute espèce. Il n'y avait pas à hésiter alors et c'était la seule ligne de conduite à suivre.

Mais on savait dès-lors qu'une fois notre pouvoir reconnu et notre domination bien assise, une réaction inévitable se produirait contre un ordre de choses imposé par les circonstances et incompatible avec les progrès de notre établissement.

Ceux mêmes dont nous avons excité et utilisé à notre profit l'ambition particulière parmi les indigènes, l'ont compris dès-lors tout aussi bien que nous. Ils ont senti que les engagements pris avec eux ne subsisteraient point devant les nécessités de l'avenir et que leur position indépendante était essentiellement précaire et ne tenait qu'aux difficultés d'une prise de possession toute nouvelle. Par suite, aucun d'eux n'a songé au bien général ; mais tous leurs actes ont été marqués du sceau de l'intérêt personnel.

C'était l'écueil prévu de l'organisation actuelle de l'Algérie, et comme je l'ai dit, la conséquence inévitable des faits que la conquête a dû accepter.

Entre de pareilles mains, l'exercice de la part d'autorité qui leur a été confiée ne peut que compromettre le gouvernement français, indisposer ses sujets et reculer indéfiniment l'avenir réparateur qu'on promet au pays. L'expérience n'est certainement pas pour démentir cette assertion.

Inconvénients actuels de cette administration.

De la manière dont les chefs indigènes ont compris leur rôle, ils n'y voient plus que le moyen de s'enrichir rapidement, non de ramener la prospérité générale et encore moins de faire aimer notre domination. Ils enlèvent aux populations des sommes énormes qui eussent augmenté la richesse publique et les recettes du budget si elles étaient restées en circulation, mais qui doivent rester improductives jusqu'au moment où leurs détenteurs pourront quitter le pays ou les faire servir contre nous à se conserver une position indépendante. Le gouvernement turc faisait dégorger ces sangsues, lorsqu'elles s'étaient remplies et faisait aussi servir leurs extorsions à remplir momentanément ses coffres ; mais qu'était-ce en dernière analyse, que la ruine du pays ?

L'impôt est peut-être leur moindre profit et cependant faute d'un contrôle suffisant et d'une action directe sur ce service, nous ne pouvons les empêcher de réaliser en dehors des frais de perception des bénéfices hors de proportion avec les produits qu'ils accusent. Il ne laisse donc pas d'être une charge fort lourde pour le pays, surtout par la manière violente de le percevoir, tout en ne rapportant au trésor qu'un minime revenu.

Leur rapacité trouve plus largement à se satisfaire dans l'administration de la justice, placée sous leur surveillance, et de la police dont ils sont responsables. Comment s'opposer aux exactions et aux iniquités de cette espèce et s'assurer le versement de toutes les amendes imposées à ce titre ? Ce sont des revenus indirects et irréguliers dont je dis la surveillance impossible, lorsqu'on ne peut encore exercer sur les impôts réguliers qu'un contrôle insuffisant.

Mais leur plus riche revenu consiste dans les droits de toute nature, extorqués sous forme de dons par toute sorte de moyens et en toute occasion, savoir : pour frais d'administration particulière de la circonscription, pour frais d'hébergement des hôtes, en droits sur les marchés, en péage pris sur les marchands de telle contrée, en droit d'investiture pour un chef promu, en droit de *gâda* pour chevaux de soumission, pour une tournée administrative, au retour d'une expédition ou d'un voyage, avec le makhzen, en corvées de labour, en prestations de journées d'hommes et de bêtes, en pots-de-vin, à l'occasion d'une fête religieuse, d'une maison bâtie, d'un mariage, d'une circoncision, d'une réception d'apparat, etc.

Le produit en est infiniment plus riche que le catalogue n'est varié. Et voici pour donner une idée du rapport qui existe entre ces charges particulières et l'impôt régulier, l'arrangement qui a été pris à l'amiable entre les imposés d'une tribu. L'impôt (dîme religieuse) dut être réparti par feux et supporté également par le riche et par le pauvre, quoiqu'il soit en principe établi au prorata de la fortune de chacun: à telles conditions que les pauvres seraient exempts des charges particulières que nous venons de dire qui durent ainsi peser tout entières sur les propriétaires.

Comment empêcher les dons en apparence volontaires et ne faut-il pas bien que les gens paient les frais de leur administration particulière? Il y aurait indiscrétion dans les termes actuels à vouloir pénétrer ces questions d'intérieur.

Seulement, il est bon de noter que le chiffre de l'impôt exigé par le gouvernement est extrêmement minime entre toutes les charges qui pèsent sur les populations et arrêtent leur essor vers la prospérité et la production. Rappelons-nous, d'autre part, que la colonie présente toujours un déficit de plus de moitié entre ses recettes et le budget de ses dépenses

Mais on a vu que les mandataires du gouvernement sont loin d'avoir le même intérêt que lui à ménager le pays pour améliorer ses ressources : et par leur fait, ses sacrifices annuels sont inutiles et ne peuvent être appréciés de ceux auxquels ils s'adressent.

Du moins, cette mauvaise gestion et cette rapacité ont servi à déconsidérer l'aristocratie avare du pays et à préparer pour le moment opportun, un accueil favorable à une administration plus rationnelle. On pourrait fermer les yeux si les inconvénients de l'emploi exclusif des chefs indigènes s'arrêtaient là. Qu'on en juge.

Tant que le drapeau national est resté debout, leur mérite était de nous servir dans une lutte dont ils ne pouvaient prévoir ni souhaiter le terme. Pendant la durée de cette lutte, ils n'avaient rien à craindre pour le pouvoir que nous leur avions reconnu. Mais l'émir étant disparu de la scène, l'attention du gouvernement s'est reportée tout entière vers l'administration intérieure de l'Algérie. Dès lors la lutte a changé de caractère et nos adversaires sont ces mêmes chefs qui n'ont accepté de leur rôle que les avantages personnels et qui redoutent maintenant une surveillance d'abord impossible.

Ils ont intérêt à éloigner le moment où l'autorité

française voudra voir plus clair dans ses affaires et faire peser sur leur administration un contrôle qui sera leur ruine. Ils n'hésitent donc pas dans ce but à employer contre nous-mêmes l'influence qu'ils doivent à notre appui et ils sont peut-être l'obstacle le plus sérieux à notre établissement.

Dans l'emploi d'agents dont les intérêts sont si opposés aux nôtres, le danger est tout entier à leur conserver, sans un contrôle suffisant, la police générale et la répartition des impôts. Ces attributions leur confèrent un pouvoir presque discrétionnaire et dont il leur est trop facile d'abuser pour compromettre l'autorité supérieure.

Avec un tel pouvoir, ils se posent auprès des populations comme des protecteurs tout-puissants et se font payer en conséquence. Ils conservent ainsi leur popularité à nos dépens, en faisant peser sur nous le blâme général que méritent leurs iniquités. Combien de fois se sont-ils servis des avantages que leur assurait notre confiance pour cacher et laisser impunis des actes dont leur position leur commandait la répression? Hâtons-nous d'ajouter que le mobile pécuniaire était pour quelque chose dans cette conduite : de sorte que dans une tribu ainsi commandée, on peut, si l'on en a les moyens, commettre des crimes et échapper à la justice. C'est tout simplement pour celui qui la commande une complicité morale aux désordres qui s'y passent. Mais quelles conséquences n'en doit pas tirer l'esprit public des Musulmans contre la moralité de notre domination, tout en rendant justice à l'intégrité du caractère français ?

Le moyen d'éloigner de nous les populations est tout naturel : c'est de flatter les passions populaires et l'ignorant fanatisme qui les anime. Aussi faut-il voir ce que deviennent dans la bouche de leurs chefs, les ordres émanés de l'autorité supérieure dans un but d'intérêt général et quelles interprétations fâcheuses ils reçoivent dans le public. Ces ordres offraient trop d'intérêts ombrageux pour ne pas être dénaturés aussitôt, de manière à jeter l'inquiétude dans les esprits. Qu'est-ce donc des mesures indispensables à la sûreté de notre domination et à l'exploitation de notre conquête ? Rien ne peut atténuer le ressentiment qu'elles inspirent, puisque des dispositions les plus bienveillantes on ne peut retirer le bon effet qu'on en devrait attendre. Le mauvais vouloir contre une autorité étrangère subsiste donc seul ; il a son origine dans les préjugés religieux ; mais ces chefs prévaricateurs l'entretiennent constamment pour relever leur influence. Ils s'assurent aux yeux des masses, pour s'excuser de les trahir, un prestige d'intercession puissante auprès des maîtres farouches et infidèles imposés par la colère divine.

Mais il leur faut ménager la chèvre et le chou : et pour couvrir leur conduite arbitraire et rapace de l'aveu du gouvernement qu'ils servent, ils lui montrent cette horreur persistante de l'étranger et de l'infidèle, qui rend impossible à d'autres qu'à eux l'administration du pays, qui la rend impossible à moins de l'arbitraire et de la violence. Ils payent sa confiance des apparences d'une servilité complète. Jamais un mot d'opposition ne sortira de leur bouche pour une mesure imprudente ou nuisible à nos intérêts : ils savent qu'elle ne les compromettra pas, si nous consentons à assurer la responsabilité des actes qui les intéressent davantage.

D'ailleurs ces chefs, dans les différends degrés de la hiérarchie, sont mus par le même intérêt de personnalité et s'entendent également à nous abuser. Par cette raison, toute hiérarchie combinée pour établir une surveillance réciproque d'un degré à l'autre devient illusoire. De fait, le fort écrase le faible, et celui-ci se tait pour conserver une part au gâteau. Donc, plus de garanties pour le gouvernement, à concéder comme il l'a fait l'exercice de l'autorité. Qui pourrait l'éclairer sur la véritable disposition des esprits, sur les satisfactions qu'ils réclament et les ménagements qui leur sont dus?

La tyrannie et l'avarice de nos agents n'ont pas respecté les libertés intérieures de la tribu, que l'organisateur avait sanctionnées et confiées à des cheikhs, restés en dehors de la hiérarchie politique. Il était trop facile de les gagner, intimidés ou écrasés par leur défaut toute garantie est également perdue pour le peuple dont ils devraient respecter les intérêts. Espère-t-on que les éclaircis suivants viendront d'en bas et par le fait des populations ? Elles restent muettes et patientes jusqu'à ce qu'elles croient pouvoir, par une révolte, manifester leur opposition. Quelle sagesse, dans les termes où nous sommes, pourrait la prévoir et la prévenir, à travers tant de milieux qui dénaturent les faits ? Il n'y a plus qu'à la réprimer : alors c'est la ruine d'un pays que nous mettons tant de peine à ménager et la déconsidération pour nous-mêmes.

Attribuerons-nous ces catastrophes à l'inextinguible fanatisme religieux des indigènes ? L'excuse serait trop commode et nous conviendrons que c'est à eux un fanastisme assez raisonable de tenir pour impie cette administration inconséquente d'un pays dont Dieu nous a confié les destinées. Quelle autre opinion peuvent-ils avoir de nous en voyant, en tout et partout, conduits par l'initiative de ceux que nous devrions diriger, soutenir leur influence ennemie de nos intérêts et compromettre la nôtre en assumant la responsabilité de leurs iniquités et rapines auxquelles nous ne faisons que perdre ? Comment des Musulmans pourraient-ils, avec de tels faits sous les yeux, croire à notre force, à la volonté et à la durée de notre domination, et ne pas se laisser entraîner par le premier venu à l'espoir de nous chasser de leur pays ?

Réformes proposées pour l'administration des indigènes.

Quiconque a vu l'Algérie, connaît ces difficultés, sait qu'elles sortent de la nature de notre domination et qu'il était impossible jusqu'ici de les éviter sans retrouver à leur place d'insurmontables obstacles. Dans les faits, il n'y a rien de plus maintenant qu'il y a quelques années. Mais ils deviennent inadmissibles avec les progrès de notre domination et rendent impossibles les améliorations de toute nature que la France et le pays lui-même doivent attendre d'une paix chèrement achetée. L'opinion réclame à ce sujet des réformes que notre situation rend urgentes et il ne manque pas d'esprits novateurs pour en proposer journellement de fondamentales.

L'idée qui se présente le plus naturellement à l'esprit en nous voyant mal servis, mal assistés, mal renseignés par les chefs actuels, c'est de les remplacer par d'autres mieux choisis qui, probablement éclairés par la triste fin de leurs devanciers, serviraient mieux. Ceux qui tiennent actuellement le pouvoir ont du moins le mérite de s'être les premiers compromis pour nous. Quel loyer de leurs services, et quelles conséquences ne manqueraient pas d'en tirer contre nous, amis et ennemis? D'ailleurs, les défauts de l'organisation sont dans la nature des choses et non dans le choix des hommes. Remplacer ceux-ci, serait seulement appliquer de nouvelles sangsues plus avides que les premières et cherchant à se remplir plus vite pour prévenir le moment de leur chûte.

On a préconisé l'emploi de chefs indigènes pris en dehors de l'aristocratie locale, n'étant rien que par notre choix et notre appui et forcément dévoués à notre cause. Cette proposition a un caractère plutôt social que politique; l'on sait ce qu'il faut penser de ce genre de réformes et ce qu'elles valent au gouvernement qui prétend les imposer. Mais ce caractère lui-même n'est que spécieux, et à l'essai on a vu que les faits de l'existence féodale et leurs conséquences fâcheuses, loin de disparaître, se sont au contraire aggravés. Rien n'était changé dans le système par l'introduction de ces hommes nouveaux ; seulement, outre le devoir de tenir leur rang et de représenter dignement leurs administrés, il y eut pour eux la nécessité de s'imposer à 'aristocratie ancienne et à ses partisans. On peut penser ce qu'il en a coûté aux contribuables et les abus de pouvoir qui furent la suite de cette nécessité, dont le mauvais effet rejaillit plus directement sur nous.

On a parlé encore de remplacer les grands chefs indigènes par des caïds français. Quel est le gouvernement qui prendrait sur lui une telle mesure? Quels téméraires s'offriraient à remplir de tels emplois et de quelle autorité des chrétiens, sans influence personnelle, sans appui immédiat, pourraient-ils s'immiscer dans les affaires d'intérieur et blesser à chaque instant et sur le plus léger motif les justes susceptibilités d'un peuple musulman? Ce serait trop méconnaître le rôle qui convient à notre administration française, si conciliante et si intègre et la perdre à jamais. Pour vaincre la répugnance des populations, la résistance de l'esprit de famille et des préjugés religieux, elle serait réduite à rentrer dans les errements des chefs arabes, en exagérant leur tyrannie. Ce sont d'autres procédés qu'il lui faut pour rapprocher de nous les esprits, assurer l'action de l'autorité et donner quelque valeur au pays.

Les chefs indigènes doivent être conservés.

Montesquieu dit que le peuple juge toujours l'abus plutôt par la grandeur et l'étendue de la puissance que par la manière d'en user. C'est ainsi qu'à nos Arabes les intentions les plus bienveillantes de l'administration paraissent n'être qu'un masque propre à cacher, pour un temps, des projets d'oppression.

S'il importe que l'initiative vienne du gouvernement, qu'il évite du moins de remettre trop de pouvoir entre les mains de ses agents et de prétendre à régler tous les intérêts. Il ferait perdre ainsi ce caractère d'arbitrage que M. le maréchal Bugeaud s'est appliqué à donner à l'administration et qu'il faut lui conserver avec soin pour assurer son influence morale.

Il y a donc une part de l'autorité, celle qui touche le plus directement les masses et qui devient par suite la plus odieuse qu'il faut laisser entre les mains des indigènes. C'est par cette considération que cet esprit prévoyant a reconnu leurs droits antérieurs au commandement direct des tribus. Mais en se réservant de les contrôler et de les diriger, il a gardé pour lui le rôle le plus noble et le mieux fait pour obtenir du bon vouloir des administrés les réformes qu'ils peuvent aussi bien que nous juger indispensables ou bienfaisantes.

La seule réforme sérieuse dont il ait été question, c'est l'introduction de l'administration civile à un degré plus ou moins étendu. Mais c'est le but final auquel il faut atteindre pour arriver à faire entrer l'Algérie sous la règle du droit commun. Cette réforme ne se rapporterait actuellement ni aux ressources ni aux besoins d'une période de création.

En effet, à la disparution d'Abd-el-Kader de la scène politique a succédé une période toute de création : non pas que nous ayons à opérer sur une table rase, mais en conservant les ressources existantes, à leur assurer une administration qui en préparera de nouvelles et dirigera le pays dans une voie de progrès inconnue et impossible avant notre conquête. Les travaux de cette période exigent la plus stricte économie, une sollicitude continuelle de la part du pouvoir et un prompt achèvement.

Réformes contenues dans le plan primitif de l'organisation actuelle.

Voilà l'intérêt actuel et pressant qu'il faut poursuivre. Laissons de côté les réformes secondaires qui ne peuvent que nous détourner du but, troubler les esprits en remplaçant le connu de notre administration par l'inconnu, et nous imposer à la hâte de nouvelles luttes pour des résultats douteux.

Tenons-nous à la direction administrative tracée par M. le maréchal Bugeaud. Elle fut le principal ressort du système qui nous a valu déjà de si prompts et si éclatants résultats en Afrique. Ses institutions ont pour elles, outre l'autorité d'un nom illustre, une expérience et des titres acquis pendant plusieurs années de services et d'études. Leur ensemble est complet et leur esprit se prête aux développements successifs de la colonie, à la condition d'en compléter les cadres en proportion des besoins de son établissement.

A qui n'aura pas suivi l'enchaînement des faits, cette conclusion en faveur de l'organisation actuelle paraîtra s'accorder assez peu avec le tableau que j'en ai tracé. Mais il est facile de voir que dans ce tableau j'ai insisté à dessein sur la nature et l'étendue des difficultés qu'elle a trouvées à son installation et sur les conséquences fâcheuses d'un état de choses qu'il a fallu admettre pour le réformer plus tard dans de justes limites. Et j'ai dû laisser jusqu'à les avoir fait entièrement connaître, pour apprécier le plan de l'organisation qui doit les lever ou les concilier avec les exigences d'une situation nouvelle, pour préciser les moyens d'action qui lui sont nécessaires et la direction à suivre pour atteindre le but.

CHAPITRE VI.

PLAN DE L'ORGANISATION ADMINISTRATIVE & SON PROGRAMME.

Insuffisance du personnel français de l'administration indigène.

Par tout ce qui a été dit précédemment, on doit reconnaître dans notre administration, l'insuffisance des moyens de direction et de contrôle, c'est-à-dire des agents français qu'elle emploie.

En fera-t-on un reproche à l'organisateur? On voit bien que son plan est resté incomplet sous ce rapport, par l'impossibilité de trouver, dès le principe, un nombre suffisant d'agents assez instruits pour contrôler et diriger la hiérarchie des mandataires indigènes. Mais cela ne va pas à lui reprocher d'avoir résigné une trop grande part des droits souverains et de n'avoir pas préparé au gouvernement les moyens d'exercer une action puissante sur les destinées du pays. Car M. le maréchal Bugeaud entendit réserver à cet égard les droits inaliénables de l'État, et il consacra leur autorité par la création des bureaux arabes, comme cadres susceptibles d'une large extension en rapport avec les besoins ultérieurs. Il a fallu recruter ces cadres dans les rangs de l'armée et employer plusieurs années à les instruire. C'est un retard regrettable sans doute; mais on ne peut faire qu'en faisant et rien ne serait plus dangereux que l'impatience d'obtenir les meilleurs résultats, avant de s'être assuré les moyens de les préparer.

Si nous prétendons à mieux que ce qui existe, il faut donc préparer à l'avance les moyens de l'obtenir et posséder à cet égard des vues d'ensemble, sans lesquelles il n'y aurait qu'indiscrétion et violence à vouloir appliquer les meilleures intentions.

Pour se faire une idée de ce qui nous manque en Afrique sous ce rapport, on n'a qu'à voir ce que sont les moyens de gouvernement en France, où il semble que tout va de soi; à quel point descend leur action et combien elle est puissante sur les diverses branches de l'administration; mais en même temps avec quel soin sont séparés, définis et sauvegardés les intérêts et libertés de toute nature et les attributions des différents pouvoirs. Je sais bien que l'assimilation entre les deux pays n'est pas possible. Cependant la comparaison ne peut être que profitable, ne fût-ce qu'à juger ce qu'il faut de surveillance incessante et immédiate pour régler l'économie et l'emploi des ressources qui doivent créer l'avenir de la colonie.

Nous n'en sommes pas encore arrivés à ce point : nous en sommes restés à la simple surveillance des actes de chefs intéressés et de populations à peine soumises à la force. Nous ne pouvons suffire à cette tâche avec quelques officiers répartis dans une quarantaine de bureaux arabes, insuffisants à recueillir et à transmettre les rapports des chefs indigènes et les ordres de l'autorité; à plus forte raison insuffisants à assurer l'exécution des uns et à contrôler les autres : cloués à leurs bureaux par la paperasserie, connaissant peu par eux-mêmes le pays qu'ils ont à administrer et ne pouvant, en raison de leurs occupations, exercer le service actif qu'exigerait son étendue.

On conçoit qu'avec un personnel aussi restreint, c'est beaucoup de conserver soigneusement le *statu quo* existant, et qu'il y aurait imprudence ou précipitation à vouloir y apporter des améliorations ou des réformes. Ce serait le plus souvent blesser sans compensation des titres et des intérêts respectables, mettre les gens en demeure de désobéir, nous forcer nous-mêmes à sévir contre des fautes dont le premier tort serait à nous, de ne pas nous être mis en mesure de les prévenir. Ce serait par suite perdre beaucoup dans la considération des administrés et plus souvent encore nous lier les mains pour l'avenir.

Bien des esprits, parmi les agents du gouvernement, sont tombés dans cette erreur et ont pensé obtenir des indigènes une régénération sérieuse en la leur imposant eux-mêmes. Ils ont pu s'abuser dans les circonstances d'abattement où se trouvent les populations et vis-à-vis du servilisme intéressé de leurs chefs, à les voir accepter des réformes ou des mesures sans antécédents pour eux. Mais comment a-t-on assuré la transmission de ces ordres, leur exécution, l'impression qu'ils doivent produire sur les esprits pour que le bienfait soit durable ? Il n'y a rien de fait si nous ne l'avons pu faire par nous-mêmes et où aurions-nous pu trouver les moyens d'action directe ou du moins de persuasion, là où nous ne possédons pas même ceux du contrôle?

Il n'est cependant pas bien loin de nous, le temps où le maréchal Bugeaud disait qu'il fallait un bataillon pour planter un arbre ou garder un bœuf dans la plaine du Chélif et sous le rapport des résultats, cette parole est encore aussi vraie qu'alors.

Faites bâtir des maisons ou planter des jardins, introduisez des cultures nouvelles, faites construire des fontaines ou percer des routes en pays arabes, élever des barrages, reboiser des montagnes ou greffer des sauvageons : mais, dites-moi, qui s'intéressera à ces travaux, qui veillera à leur entretien journalier et songera à en tirer quelque utilité, puisqu'ils supposent des habitudes de vie toutes différentes. Presque tous ceux à qui on les imposera les considéreront comme des saignées faites à leur bourse dans notre intérêt, non dans le leur. Iront-ils s'imaginer que nous voulons les ramener à la vie sédentaire, mais dans quel but et en quoi cette existence leur paraîtra-t-elle préférable à la vie nomade? Toutes ces entreprises seront abandonnées après le départ de ceux qui y auront poussé ou reprises par boutades au gré des opinions individuelles de leurs successeurs.

Je ne pense pas que ce soit l'économie ni l'emploi des ressources comme il faut les comprendre dans un pays où tout est à créer, mais où par cela même il faut opérer dans un certain ordre et dans certaines limites. C'est plutôt comme je l'ai dit, un gaspillage qui compromet l'avenir par le peu de résultats qu'amènent les entreprises les plus sérieuses.

On fait des circulaires et on donne les instructions les plus précises pour assurer l'étude et la mise en pratique de tous les progrès dont est suceptible le pays. Ce sont des papiers qui s'entassent les uns au-dessus des autres ou disparaissent des bureaux arabes, suivant le plus ou moins de soin qu'on met à garder ces sortes d'archives. Quelle application suivie pourrait-on leur donner? Songez que le moindre cercle, administré par un seul officier, a une superficie de trois cents lieues carrées. Tout cela est contraire aux simples données de la pratique.

Il eût été bien préférable, pendant les dernières années, de se contenter de dresser un cadastre approximatif des ressources existantes et d'attendre le moment d'en tirer parti par l'introduction de la colonisation, ou de pouvoir les améliorer par de simples ménagements administratifs. Mais comment entreprendre un pareil travail, qui demande extrêmement de suite pendant plusieurs années et une grande habitude du pays et qui réclamerait, une fois terminé, une attention soutenue pour le compléter et le tenir au courant. Les officiers employés dans les bureaux arabes changent de résidence fréquemment et quel intérêt pense-t-on qu'ils prennent à un travail aussi aride, en supposant qu'ils aient eu le temps de s'y préparer? Il faudrait y mettre des employés inférieurs et d'une utilité plus modeste et l'on n'a pas encore cherché à en introduire dans la composition du personnel des affaires arabes.

Nécessité de recruter et d'adjoindre au cadre actuel un personnel inférieur.

Car c'est par là précisément qu'on a négligé de compléter le plan d'organisation tracé par le maréchal Bugeaud. On a arrêté tout-à-coup le recrutement de ce service, en n'y recevant plus, pour les y former, les sous-officiers de l'armée, qui composeraient ce personnel inférieur d'administration : car je ne puis y faire compter quelques sergents secrétaires ou caporaux copistes, qui suffisent à peine à copier les lettres ou à mettre en ordre les papiers administratifs. Mais où sont les bons et modestes serviteurs, hommes d'avenir pourtant, qui ont apporté leurs utiles travaux à la création des bureaux arabes? C'était Marguerite, Aubin, Moullé, Martine, Beauprète, Camatte, etc. A leur place se sont présentés de jeunes officiers, présentant à l'examen des garanties d'instruction et d'intelligence; le même calcul d'ambition qui les avait fait entrer au service des affaires arabes, en a fait sortir le plus grand nombre, sans qu'ils aient laissé après eux les résultats d'un travail sérieusement utile.

Il y a auprès des commandants de subdivisions et de cercles, assez d'officiers instruits et expérimentés pour former le cadre de la direction des affaires arabes. Mais ce ne sont encore que des individualités brillantes et dévouées; leur position, toute de confiance, est très-fausse; leur action est presque nulle, leur initiative sans force ou illégale et par suite l'administration sous leurs ordres ne peut donner de résultats sérieux, jusqu'à ce qu'on leur ait recruté et adjoint un personnel inférieur qui soit, sous leur direction, l'organe de transmission, d'information et de surveillance et réparti plus largement en raison de ces fonctions délicates.

Le mode de répartition en doit être fixé par une observation facile à faire : c'est que l'action d'un bureau arabe n'est complète que dans le cercle restreint où la surveillance immédiate du chef peut l'assurer. Il faut donc que ses agents inférieurs soient établis autant que possible sur les lieux mêmes et n'aient de surveillance à exercer que dans le cercle de leurs facultés physiques.

En tenant compte également de l'influence incontestable qu'exerce notre colonisation sur les indigènes rapprochés des centres de population européenne, on voit que c'est au chef-lieu de chaque canton que doit être placé chaque agent inférieur des affaires arabes, dont la surveillance ne devra pas dépasser les limites du canton.

J'ai déjà montré comment l'administration et la colonisation du pays sont deux idées solidaires ; on voit que les lois de leur répartition et de leur établissement progressif sont les mêmes et je répète que l'organisation actuelle pour être d'une application sérieuse doit être complètée dans le sens des principes qui l'ont établie et mise en rapport avec les progrès de notre domination.

Nécessité de constituer le cadre et le personnel inférieur de l'administration des affaires arabes, encore régulier.

Ce qu'il faut donc à notre administration, c'est d'étendre particulièrement le personnel actif des affaires arabes, de les recruter de militaires de tous grades, possédant la langue et connaissant les usages de la société qu'ils devront spécialement étudier et surveiller, de lui donner des attributions bien déterminées et analogues, ainsi que son service, à celles de notre gendarmerie.

Qu'en adjoignant à ce personnel le nombre nécessaire d'agents indigènes, on en forme un corps français par son esprit et son organisation spéciale à un service actif et auquel quelques avantages locaux assureront un recrutement facile; que ce corps, réparti sur toute la surface du pays, soit chargé de la surveillance et de la police générale, ainsi que de la police judiciaire; de transmettre les ordres et de s'assurer de leur exécution, mais en évitant autant que possible de toucher aux questions d'intérieur, si délicates partout; qu'il connaisse des travaux d'organisation et de ceux d'utilité publique, de l'assiette et de la perception de l'impôt et de tout ce qui se rattache à l'administration des indigènes; qu'il adresse sur toutes ces questions des rapports faisant foi, aux ordres civil, militaire ou judiciaire, suivant les cas; alors l'autorité renseignée, assistée dans ses relations avec les indigènes, trouvera l'obéissance et souvent la sympathie et n'aura plus à employer la force qu'à bon droit et dans sa propre cause.

Ne sont-ce pas là les conditions essentielles du service de la gendarmerie, en lui faisant embrasser, par des raisons économiques, l'étude des questions administratives qui ont été confiées aux bureaux arabes? il n'est pas à croire que cette dernière institution doive disparaître après l'achèvement de l'édifice, même en supposant la remise de tous les services à l'administration civile. Plus que jamais, son emploi sera nécessaire; après avoir été transitoirement l'agent de création de la colonie, elle en assurera enfin la conservation et le progrès.

Croit-on que les attributions des bureaux arabes se trouvent réduites par le fait de cette organisation? Je ne crains pas de dire qu'elles ne peuvent que gagner à être régularisées et légalisées; c'est ainsi que leur influence morale s'étendra.

Je vois, par tout ce qui se passe, que le bureau arabe n'est qu'un agent intermédiaire et irresponsable de l'autorité supérieure et que dans aucun cas son action directe n'a été reconnue légale.

Pour n'en citer qu'un exemple, l'officier du bureau arabe n'a pas mission d'instruire un crime commis dans une tribu éloignée, où l'instruction ne peut être faite généralement par les magistrats; tandis qu'en France, l'officier et même, dans bien des départements, le sous-officier de gendarmerie, est de droit officier de police judiciaire pour commencer une instruction d'affaire criminelle. Le procès-verbal d'un simple gendarme fait foi; le bureau arabe ne peut en établir.

Quittez le territoire civil pour rentrer dans le

territoire militaire, il semble que l'on franchit les limites de deux empires : les deux administrations n'ont entre elles aucun rapport suivi ni aucun lien qui les rattache l'une à l'autre. Il y a bien du danger à commander et administrer l'Algérie d'une manière si peu rationnelle.

Dans la pratique, la rectification de cette erreur serait bien simple ; que l'administration supérieure soit remise à l'autorité civile ou reste entre les mains des généraux, commandants supérieurs et commandants de place, il est rationnel qu'elle emploie dans les deux cas les mêmes agents à la transmission de ses ordres, à la surveillance, à la police judiciaire, etc. Qu'importe à ces agents; puisqu'ils n'en ont pas la responsabilité, que les ordres ou les réquisitions qu'ils reçoivent émanent d'un préfet ou d'un général, d'un conseil de guerre ou d'un tribunal, d'un juge de paix ou d'un commandant de place? Mais ce qui importe par-dessus tout, c'est que le service soit confié à un corps unique, toujours animé d'un même esprit, agissant partout et sur toutes les personnes avec le même caractère légal, connaissant bien l'ensemble du pays et des choses. Comme force armée dans le territoire civil, il n'aura qu'à déférer aux réquisitions de l'autorité et dans le territoire militaire, il joindra à ce service les attributions administratives du bureau arabe, jusqu'à ce qu'on juge à propos de les restreindre, avenir que des considérations économiques éloigneront indéfiniment.

Le corps chargé de l'administration des officiers arabes doit recevoir l'organisation de la gendarmerie.

C'est véritablement un corps tout spécial de gendarmerie d'Afrique que je propose de former, dans l'esprit de l'organisation des légions de France d'une part avec les compagnies actuelles en concurrence avec les cadres existants dans les bureaux arabes, auxquels on recruterait les sujets français et indigènes, pris dans les corps de l'armée d'Afrique.

Le plus fort est déjà fait, puisque les cadres existent ; et il ne sera pas difficile à ces derniers de former leur personnel et de lui donner l'instruction propre au service spécial qu'il sera appelé à faire. Comme son établissement ne fera que précéder de bien peu les progrès de notre colonisation, le recrutement en sera fait successivement et en prévision des besoins. Il suffira de donner aux bureaux arabes existants une extension telle qu'on y puisse trouver, au moment prévu, les agents instruits et capables d'être placés, à mesure que nous prendrons un pied de plus dans le pays.

On ne peut pas douter de l'utilité de l'emploi de sous-officiers et soldats français dans un cercle d'attributions restreint, ni de la possibilité d'en trouver le nombre suffisant, doués de la dose d'intelligence nécessaire à leur service. Seulement il faut pouvoir les former et exercer sur eux une surveillance hiérarchique et c'est pour cela qu'il importe tant de les faire entrer dans une organisation régulière. Il en est de même des agents indigènes qu'on ne prendra, autant que possible, que parmi les spahis ou les tirailleurs, ayant déjà donné, pendant plusieurs années de service, des garanties de leur dévouement et de leur moralité.

Pour les retenir dans un pays qu'ils arriveront à connaître à fond et les indemniser d'un service actif incessant, il conviendra peut-être de leur assurer des avantages matériels, en dehors de la solde et des indemnités que comporte le réglement, en leur offrant la propriété ou le simple usufruit de terres affectées à cet usage et degrevées d'impôts. Cela semble plus juste que l'immunité accordée aux spahis, installés en zmalas sur les terres du gouvernement. Rien ne me paraît moins propre à donner à ces derniers l'esprit militaire, qui disparaît chez eux chaque jour. D'ailleurs, pour quelle raison n'avantagerait-on pas aussi bien les autres corps spéciaux et provinciaux d'Afrique? Je crois, du moins, que l'extension donnée au makhzen (force armée), qui ne recevrait plus que des soldats éprouvés dans nos rangs, assurerait mieux le recrutement des corps indigènes que toute espèce d'immunités ou d'avantages qu'on puisse leur promettre.

La répartition hiérarchique du corps serait la suivante :

Au chef-lieu de canton, la brigade, que je suppose forte de dix hommes, dont moitié indigènes, commandés par un maréchal-des-logis ; les hommes devront toujours opérer par deux au moins, un Français et un indigène. Le canton, représentant la tribu, commandé par un caïd, se décomposera en communes ou fractions de tribus, administrées par leurs cheiksh.

La lieutenance, comprenant la surveillance et la direction de plusieurs brigades, aura un service essentiellement actif : elle sera au chef-lieu d'un arrondissement, outhan ou aghalik. Un certain nombre de ces lieutenances, celles qui correspondront aux cercles actuels, seront les siéges des capitaines en second, sous les ordres du commandant supérieur.

Enfin aux siéges des subdivisions, seront les capitaines-commandants ou, suivant l'importance du territoire, les chefs d'escadron, investis plus particulièrement des attributions actuelles des bureaux arabes, du commandement et de la surveillance sur les différentes fractions du corps.

Le colonel de la légion résidera auprès du commandant de la province et dirigera l'ensemble du service.

L'autorité supérieure pourra réunir plusieurs brigades ou fractions de brigade sous le commandement d'officiers de l'arme, pour concourir à des mouvements militaires, ou pour leur confier des opérations déterminées, qui se présenteront surtout et périodiquement dans le sud.

En admettant les chiffres statistiques du chapitre III, le corps entier se composerait de trois cent soixante brigades, formant trois légions. A chaque subdivision seraient attachées environ vingt-cinq brigades, réparties entre deux capitaineries, six lieutenances et quinze résidences de canton commandées par des maréchaux-de-logis français. Les sous-officiers indigènes seraient employés surtout aux résidences d'officiers ou, si on le jugeait à propos de leur donner des commandements, sur les points les plus difficiles du territoire. Il en serait de même des officiers indigènes, si l'on croyait devoir les faire entrer dans la composition du cadre.

Au total, le corps se composerait de près de quatre mille brigadiers et soldats, quatre cents sous-officiers et cent cinquante officiers.

A en juger par les dépenses des quatre compagnies d'Afrique, alors d'une force totale de deux cent dix hommes, qui se sont élevées, en 1848, à 250,000 francs, l'entretien de ce corps coûterait quatre millions à l'État. Je répéterai à ce sujet ce que j'ai dit au chapitre III; il rapporterait beaucoup plus que les moyens qu'emploie l'administration actuelle. D'ailleurs il permettrait de diminuer considérablement l'effectif de l'armée d'occupation.

Établissement progressif du corps chargé de l'administration des affaires arabes.

Je dois donner un aperçu de l'établissement progressif du corps et faire connaître les conditions du programme auquel il devra satisfaire.

En premier lieu, il faudra joindre aux cadres existants, le personnel actif nécessaire aux premiers besoins; former ce personnel à l'étude des ressources locales en répartissant à chacun sa tâche, sur une portion du territoire; préparer les bases d'un cadastre général des terres à l'avance et de la population et le choix des points où il convient d'attirer la colonie; indiquer pour chaque canton l'emplacement du chef-lieu et se mettre en mesure de présenter, en temps utile, aux commissions consultatives une étude indiquant, avec l'examen des considérations préliminaires, le territoire où il convient d'établir un centre colonial et sa décomposition en annexes, le travail préparatoire des échanges à effectuer entre le domaine et les propriétaires indigènes, celui du cantonnement des tribus ou des dépossessions nécessaires.

Lorsque ce travail aura été approuvé et mis à exécution, le territoire colonial étant constitué et alloti, le décret de création définitive de la colonie sera promulgué avec le plus de publicité possible pour y attirer les colons, en y joignant l'exposé des circonstances qu'il importe de leur faire connaître.

L'officier, dans l'arrondissement duquel sera compris le centre, se sera porté à l'avance sur le lieu indiqué pour en préparer l'installation. Voici l'exposé des travaux qu'il aura dû faire exécuter dans cette période, autant que possible avec le concours des indigènes des cantons voisins.

Bâtir une gendarmerie et mettre en état de culture les terrains qui lui seront concédés ; établir les usines et autres établissements de première nécessité, tels que moulins, fours, carrières, etc., les pépinières et plantations publiques ; les puits publics, fontaines et canaux d'irrigation ; faire exécuter par les charrues arabes sur le territoire de la commune des labours en raison du nombre de colons annoncés et inscrits ; préparer à l'avance les matériaux et les bois du pays ; recevoir les colons à leur arrivée, faciliter leur installation et les premières relations qui s'établiront entre eux et les populations voisines.

En même temps, l'officier installera le service de la brigade affectée à ce centre et lui donnera la connaissance du pays, des hommes et des intérêts, des relations qu'elle aura à protéger et faciliter entre le chef-lieu et son canton et de celles qu'elle devra entretenir avec les autorités indigènes ; il préparera les esprits à l'étude des projets d'amélioration ultérieure pour l'avenir du pays ou le bien du service et les formera à un travail actif incessant.

Il agira ainsi dans la circonscription de la lieutenance pour la création de chaque chef-lieu de canton, en dirigeant constamment la marche de l'ensemble d'après les bases suivantes :

1° S'ingérer le moins possible dans les questions d'organisation ou d'administration intérieure des communes, ainsi que dans les affaires de justice et de religion; faciliter au contraire le développement des libertés communales pour arriver à isoler l'une de l'autre les fractions du canton;

2° Laisser aux chefs indigènes, au caïd dans le canton, à l'agha près de la lieutenance, l'entière responsabilité de l'impôt, de l'exécution des ordres qu'ils reçoivent, de l'acquittement des réquisitions où corvées, des perceptions directes ou indirectes et toute action directe sur les masses ou sur les individus; mais en les surveillant sans cesse et en déférant à l'occasion aux justes réquisitions qu'ils peuvent faire;

3° Assurer à la commune française toute la prépondérance d'un chef-lieu, en y attirant autant que possible le commerce par l'établissement du marché hebdomadaire; déterminer quelques indigènes influents, s'il est possible les principales autorités du canton, à s'y établir comme concessionnaires; y attirer les agents de l'industrie locale; en faire le centre et le point de départ de toutes les améliorations importantes, telles qu'ouvertures de routes, aménagement d'eaux, boisement et plantations et faire rayonner le progrès, du centre sur les autres communes du canton. La nécessité d'y venir réclamer l'arbitrage de l'autorité administrative ou le secours du makhzen y attirera sans cesse les indigènes et établira dans leur esprit la suprématie du chef-lieu.

En dehors de tout cela il y aura lieu de régler la part que prendront à l'autorité administrative les différents commandants de résidence et les droits positifs qu'ils auront à la répression dans tout ce qui concerne le *hoken* et *makhzen*, c'est-à-dire ce qui intéresse la sécurité publique et l'obéissance à l'autorité française; les affaires de quelque gravité dans ce genre devant être renvoyées à l'administration supérieure.

La fraction de tribu, représentant la commune, aura nécessairement son administration intérieure confiée au *cheikh* ou maire, assisté de sa *djemâa* ou conseil municipal : c'est sur eux que pésera la responsabilité de l'exécution des ordres, de la police sur le territoire de la commune, de l'établissement des bases d'impôt et de l'acquittement des amendes. On pourra exiger du cheikh qu'il tienne pour sa commune un registre de l'État civil, sur lequel il inscrira les naissances, mariages, morts, etc. Nous arriverons ainsi à avoir des renseignements certains sur les personnes, sur les familles et sur la statistique du pays. On attribuera à ce fonctionnaire pour l'indemniser une part sur les amendes de police rurale et municipale.

La quotité de l'impôt, après l'acceptation des listes qui lui servent de bases, sera portée à la connaissance de tous et le partage s'en fera dans les communes par les soins des cheikhs et des djemâas. Dans un bon nombre de localités, la richesse se compose d'une foule de produits sur lesquels ne portent ni l'âchour ni le zekkat et le conseil de la commune peut seul les estimer pour la répartition de l'impôt. Ainsi chez les kabyles l'âchour et le zekkat paraissent presqu'illusoires et ils ne comprennent bien que la *ghérama* ou tribut imposé en raison de la richesse présumée et répartie par feu ou par tête.

Les caïds et aghas seront les percepteurs et devront activer l'opération en requérant, s'il le faut l'emploi de la force : ils verseront eux-mêmes au chef-lieu du cercle ou de la subdivision.

Les communes pourront être autorisées par l'administration à s'imposer pour l'exécution et l'entretien des travaux publics, comme mosquées, écoles, fontaines, etc., sur la proposition du conseil municipal et l'avis motivé de la direction dont ils relèvent immédiatement.

Quant aux travaux qui intéresseraient tout le canton, ils seraient proposés par un procès-verbal de délibération, des cheikhs des communes, réunis au maire du chef-lieu, accompagné d'un rapport du commandant de la résidence.

Les frais et dépenses d'administration du canton seraient répartis également entre les communes;

comme dans l'intérieur de la commune ils seraient réglés par le conseil municipal et répartis par ses soins.

Le chef-lieu de canton devra contribuer pour sa quote-part dans le réglement de ces dépenses et subvenir après sa première installation aux frais des travaux qui lui seront particuliers. C'est ainsi que pendant la première période les produits de l'impôt que l'État aurait pu percevoir seront employés dans le pays à son amélioration. Les droits de l'État ne seront pas périmés et l'idée de la moralité et de la justice de l'impôt s'établira dans les esprits; on arrivera ainsi à le faire payer à tout le monde et à supprimer ce nombre infini d'immunités et de privilèges qui sont autant contre l'esprit de la loi musulmane que de la nôtre.

Toutes les semaines au marché principal du canton, se réuniront les cheikhs des différentes fractions pour y tenir un rapport où se régleront les affaires communes. Procès-verbal en sera envoyé au directeur du cercle avec le rapport régulier du commandant de la résidence.

De même, tous les mois les caïds et aghas se présenteront à la capitainerie, ou chef-lieu du cercle et de la subdivision, pour rendre compte des affaires et verser le montant des amendes : ils seront réunis quant il sera convenable au conseil général.

Pour le réglement des affaires litigieuses, il y aura à chaque chef-lieu de canton près la direction des affaires arabes, un cadi à la fois juge de paix musulman et notaire, qui assistera le commandant de la brigade dans ses opérations comme officier de police judiciaire. Ce fonctionnaire ne sera pas rétribué par l'État; mais il aura droit sur chaque affaire jugée par lui à une indemnitée réglée par les canons musulmans. Il sera bon, pour que l'État gagne aux transactions faites entre particuliers, que le cadi ne les puisse établir que sur papiers timbrés et qu'il les porte sur un registre particulier, à l'effet de tenir traces de la propriété indigène.

Près chaque lieutenance ou direction des affaires arabes du cercle, un cadi, de la juridiction duquel releveront les cadis de canton, sera chargé spécialement de la recherche des héritages vacants appartenant à l'État (administration du *bit el mal*). Il assistera le juge de paix ou l'officier pour l'instruction des crimes qui devront être jugés par les tribunaux.

Au-dessus de cette juridiction un *medjelis* ou cour d'appel, établie au chef-lieu de la capitainerie, terminera les affaires civiles entre indigènes; de même que, pour leurs affaires criminelles, il serait bon d'y créer une cour prévôtale militaire.

On voit que par cette répartition hiérarchique, le travail administratif fonctionnerait régulièrement et ne demanderait jamais à personne au-dessus des forces de l'homme. C'est une forte raison pour préférer le système que je propose; car on ne peut pas compter de trouver toujours des génies pour diriger les affaires arabes et il paraît que dans le régime actuel avec un esprit ordinaire, il n'est pas possible de suffire à cette tâche.

Ce mécanisme simple et peu coûteux démontrera aux populations que nous prétendons n'exercer sur elles qu'une domination profitable à leurs intérêts comme aux nôtres et leur laisser dans leur intérieur la dose de liberté qu'elle comporte. Peu à peu la confiance s'établira, la confiance qui seule pourra encourager le propriétaire indigène, maintenant mal disposé à travailler dans la crainte de se voir enlever son argent et ses moyens de travail, mal disposé à donner de la valeur à la terre, ne sachant pas si elle doit lui rester.

Les opérations qui auront séparé les terres attribuées à la colonisation officielle de celles qui doivent rester aux Arabes, donneront par cela même la sanction de leurs droits à la propriété et le réglement de leurs titres. Des transactions loyales s'établiront entre européens et indigènes pour la transmission de la propriété, et le développement ultérieur de la colonie sera assuré d'une manière rationnelle.

Après cette période de temps, on pourra amener les tribus à tirer parti de toutes les terres qu'elles possèdent en frappant indistinctement tous les immeubles de l'impôt foncier : on arrivera ainsi à faire produire à l'Algérie tout ce qu'elle peut rendre, et l'esprit religieux de la dîme disparaîtra de l'impôt. On verra peu à peu les Arabes se créer des habitations fixes et faire dans la terre des dépenses destinées à améliorer les conditions d'existence et d'exploitation.

Enfin les circonstances de l'état féodal ayant disparu et avec elles la défiance réciproque, les indigènes perdront les habitudes guerrières qui en sont la conséquence et la paix que nous aurons faite amènera le désarmement.

CHAPITRE VII.

PEUPLEMENT DE LA COLONIE EUROPÉENNE.

Il me reste à examiner en détail tout ce qui a trait à l'application pratique du système que j'ai développé, savoir : le peuplement de l'Algérie par les colons européens et le parti que l'on peut tirer dans le même sens des races indigènes préexistantes ; le choix des lignes coloniales, les caractères qui leur sont propres et la répartition des centres sur ces lignes ; enfin, l'avenir économique et commercial que l'on peut attendre de l'Algérie.

Le système de colonisation officielle n'a jamais été exclusif.

En me servant ici du mot système, je dois m'expliquer sur le sens que je prête à ce mot, qui paraîtrait peut-être signifier l'emploi d'un mode unique de colonisation et d'un seul agent à l'exclusion de tous autres.

Je l'ai dit dès la première page, s'il y a système dans tout ce que j'ai développé, il n'est pas de moi. En faisant un pareil travail sur un ensemble d'idées que leur auteur a livrées à l'examen depuis plusieurs années, j'ai voulu faire voir à quel point il est complet et se prête aux progrès rapides de la colonie. Ayant conservé cette étude depuis 1848, j'y ai retrouvé les mêmes impressions qui m'avaient été inspirées alors par les enseignements du maréchal Bugeaud, et à travers lesquelles je vois encore l'Algérie en 1854. Cette persistance à juger la question algérienne du même point de vue, après toute l'importance qu'on a mise à l'étudier, m'a fait penser que son exposition pourrait offrir quelque intérêt aux personnes qui s'occupent de cette question.

Or, j'ai pris en principe pour mon point de départ les propositions de M. le maréchal Bugeaud pour la colonisation officielle, par ce qu'elles émanent de l'homme le plus éminemment pratique et compétent dans cette question de l'organisation, qui a jeté les bases sur lesquelles s'élève notre colonie, dont l'impulsion en six ans a fait presque tout ce qui existe et dirige encore la marche progressive de notre établissement.

Il est bien certain que ces propositions rentrent dans un ensemble d'idées très-complet que l'expérience avait formulées et dont une bonne partie ont déjà reçu leur application. On a arrêté la mise en pratique de celles qui intéressaient le plus directement le pays parce qu'on a prétendu y trouver un esprit de système exclusif et qui engagerait trop l'avenir.

Cependant j'ai montré déjà que l'organisation administrative que le maréchal Bugeaud avait établie, loin d'être une forme arrêtée pour jamais, se prêtait à tous les développements ultérieurs en rapport avec les prévisions qu'on peut avoir de l'avenir et n'en devait être que la préparation. Dans ses propositions colonisatrices, il n'y a jamais eu d'exclusion que pour ce qui serait contre l'intérêt direct de l'État. Or l'État amène les gens dans un pays où il est obligé de tout créer à ses frais et leur y donne des terres. Il n'en donnera pas indéfiniment, la chose est claire : il faut donc bien s'imaginer qu'on a avantage à en recevoir et qu'on lui doit quelque chose en retour.

Reportons-nous au temps où le maréchal Bugeaud, achevant la conquête du pays, songeait en même temps à le peupler le plus promptement possible d'une émigration qui s'y établit à demeure. L'Afrique n'était nullement en faveur dans les esprits ; il ne pouvait s'attendre à voir des émigrations considérables répondre à son appel; les capitaux n'y auraient pas mieux répondu ; il fallait donc bien qu'il cherchât à employer à la colonisation les éléments qu'il avait sous la main et à obtenir du gouvernement les fonds nécessaires. Il proposait la colonisation par les militaires de l'armée d'Afrique pour préparer le peuplement et l'exploitation du pays et comme transition pour arriver au mieux.

Mais si on lui avait dit à la même époque que des départements voteraient par leurs conseils généraux les fonds nécessaires à l'établissement en Algérie de familles agricoles ; si les expositions de l'industrie avaient montré à la métropole les ressources qu'elle pourra trouver dans sa colonie ; si les manufactures de France avaient réclamé dès-lors l'introduction en Algérie de cultures spéciales, telles que tabac, garance, coton, cochenille, etc., et que par suite des sociétés de capitalistes se fussent formées s'engageant à amener et à établir dans ce but des colons propriétaires, il eût poussé lui-même et le premier l'opinion dans ce sens ; il eût encouragé les demandes en se mettant aussitôt en mesure d'y satisfaire ; il eût réduit considérablement le chiffre dont ses propositions de peuplement officiel menaçaient de grever annuellement le budget.

Principales propositions de ce système.

Il eût maintenu cependant les principales propositions de son programme, parce qu'elles sont les seules conséquences rationnelles de notre occupation de l'Algérie, savoir :

L'intervention directe du gouvernement, en raison de son droit souverain à l'organisation politique et territoriale, pendant la première phase de la colonisation, qu'elle s'établisse à ses frais ou non ;

La nécessité de terminer le plus promptement possible l'achèvement de cette première phase, en en fixant les termes en rapport avec la situation numérique des peuples indigènes.

D'où il résulte que le chiffre annuel de l'émigration, si la colonisation spontanée et non rétribuée ne la fournit pas, doit être complété par les soins du gouvernement. Il eût donc maintenu dans ces limites ses propositions en faveur des militaires, pensée de justice dans un temps où le service de l'État enlève chaque année tant de jeunes gens à leurs familles pour les leur rendre après plusieurs années tout dépaysés, sans avenir et sans indemnité.

Les capitaux peuvent manquer tout d'un coup à l'appel et par suite les sujets manquer aussi. Or, il importe autant qu'il y a dix ans de constituer un noyau de population robuste, de propriétaires ruraux et d'ouvriers agricoles, travaillant pour l'avenir et non en vue d'une exploitation spéciale et toute du moment, qui créent la richesse de la terre par la culture sérieuse. Les capitalistes seuls ne le feront pas ; ils chercheront d'abord à tirer le plus tôt l'intérêt de leur argent et n'introduiront que des cultures industrielles, qui exigeraient énormément d'engrais et quantité de bras, et qui ne doivent entrer qu'en rapport minime dans l'agriculture; ils ne prendront pas le loisir d'élever le bétail ni d'adopter les assolements qui conservent la fécondité du sol. La proportion excessive qu'ils voudront donner aux cultures riches, sans préparer les moyens de les soutenir, ruinera la terre pour jamais, et ils feront comme les producteurs de sucre et de coton en Amérique; ils abandonneront des domaines qui n'auront plus de valeur et porteront ailleurs leur argent. Ils ne seront pas en perte, après avoir exténué une terre qui ne leur aura rien coûté; mais l'État y aura tout perdu. Qu'on se rappelle, à ce sujet, l'impression qu'a produit dans le public la demande de 400,000 hectares des meilleures terres, formulée par une société qui voulait les employer à la production du coton.

Ce n'est pas ce qu'il faut dans un pays où (je le répéterai cent fois de suite) tout est à créer et où toutes les ressources doivent être employées dans ce but, par l'association, sur chaque point des intérêts et du travail européens et indigènes, sous la haute direction de l'État.

Le maréchal Bugeaud avait donc raison de ne pas attendre tout exclusivement du capitaliste qui colonise librement, c'est-à-dire qui ne se croit engagé à rien vis-à-vis du pays qu'il exploite qu'autant qu'il peut tirer de suite un bénéfice clair de son argent.

On a pensé comme lui lorsqu'en 1853 on a accordé de vastes concessions aux sociétés de colonisation : on a exigé d'elles qu'elles amènent et établissent des familles propriétaires, en fixant le terme et les conditions de leur installation.

C'est alors de la colonisation officielle où la part de dépenses du gouvernement se réduit à l'aliénation des terres domaniales, à l'ouverture des communications et aux constructions d'utilité publique. Ajoutez-y le reboisement, le dessèchement, l'endiguement et la régularisation des cours d'eau, la vivification des sources ; ajoutez aussi l'éducation agricole qu'il faut donner aux colons, la première impulsion et les débouchés qu'on doit assurer dans le principe à leur production et nous aurons le programme complet de cette colonisation officielle, dont le budget de dépenses ne sera pas beaucoup moins fort que le chiffre que j'ai donné dans le chap. III, où je n'ai songé à faire qu'une étude sur un des points de la question sans prétendre qu'elle n'eût que cette solution.

Réglements de la colonisation officielle.

Qu'on ne s'étonne donc pas si les intérêts privés, même s'établissant à leurs frais dans la période actuelle, sont soumis à des réglements de colonisation; les réglements ne sont peut-être pas assez rigoureusement formulés ni observés. Il n'est pas un propriétaire en France qui n'exige de son fermier de suivre une certaine loi d'assolement appropriée au sol et d'entretenir sur la terre un certain matériel agricole. Tout le monde sait que sans ces exigences la propriété serait bientôt ruinée.

L'importance en est bien plus grande ici, où il faut amener les colons à suivre sous ce rapport les lois de l'expérience et établir une exploitation sérieuse sur les bases de la vraie science agricole. La première impulsion donnée, ceux qui viendront ensuite marcheront dans le même sens : les Arabes même ne tarderont pas à les suivre dans cette voie que tout le monde reconnaîtra pour être la seule profitable.

La fixation de l'unité agricole serait une des premières conditions à établir. Cette unité ne peut guère être plus forte que le travail de la charrue ne le comporte, c'est-à-dire huit à douze hectares en bonne terre arable, suivant qu'elle est plus ou moins défrichée ou arrosée. Remarquons en passant que dans la constitution de territoire coloniale pendant la période officielle de création, il est facile de ne lui assigner que des terres de choix : celles de mauvaise qualité ou d'un défrichement difficile seraient mises au communal ou augmenteraient d'autant l'étendue de la concession. Cette unité serait prise pour base des concessions et devrait représenter l'établissement d'un petit ménage agricole, soit qu'il ait les avances nécessaires ou que l'État en fasse les frais en lui donnant la propriété ou qu'il soit amené comme métayer par un grand concessionnaire.

Puis on fixera le chiffre des avances que le concessionnaire devra faire à la terre par chaque unité agricole. Le chiffre est fixé par les agronomes à 500 francs par hectare ; il devrait être bien plus fort en Afrique où pas une des concessions n'est en bon état de culture. Mais en raison du haut prix de l'argent comptant, il y a lieu de n'exiger qu'une avance de quatre à cinq mille francs pour la concession de huit à douze hectares, et de réduire le chiffre de cette avance à trois mille francs, comme elle est portée dans les propositions de M. le maréchal Bugeaud, lorsque le cheptel sera fourni par l'État.

Ces premières conditions diminueraient le nombre de demandes de centaines et de milliers d'hectares, faites par des personnes qui n'ont ni les fonds ni les connaissances agricoles.

On ramènerait les conditions de colonisation à régler surtout la mise en culture, l'entretien d'un certain nombre de têtes de bétail, la plantation d'un certain nombre d'arbres par unité agricole, plutôt que l'importance des constructions souvent ruineuses et hors de proportion avec la valeur des fonds de terre et de l'exploitation. On tiendrait la main à ce que la culture soit dirigée dans un certain sens pour l'amélioration de la terre, à ce qu'elle soit surtout fourragère et propre à l'entretien d'un bétail nombreux et à une production considérable d'engrais.

On fixerait la proportion des cultures céréales et industrielles à introduire dans l'unité agricole pour conserver la puissance de productiou.

Avenir de la colonisation officielle.

Je supposerai que cette proportion soit du quart de la concession, soit 2 hect. 50 pour l'unité de dix hectares, dont un hectare en blé, un hectare en coton et un demi-hectare en produits divers, tabac, garance, nopal, etc. On attribuerait au verger et au potager un autre demi-hectare. Le reste de la concession serait partagé en soles d'un hectare, alternant avec les premières, produisant l'orge, les plantes fourragères, les fèves, pois, haricots, choux, pommes de terre, maïs.... suivant la loi d'alternance établie par la science agronomique. C'est le résultat auquel le concessionnaire devrait arriver après l'entier défrichement et la mise en valeur de sa propriété, comme il devrait tendre simultanément à y entretenir un troupeau d'une vingtaine de têtes de gros bétail, bœufs, chevaux ou mulets et d'une cinquantaine de moutons, d'après le taux fixé par les mêmes agronomes de six à huit cents kilogrammes de viande par hectare. Il ne vendrait que peu de fourrages, mais les faisant consommer chez lui, il y trouverait de quoi fumer abondamment sa terre pour la préparer à recevoir les cultures riches.

On dit que les Européens ne peuvent pas lutter avec les indigènes pour la production céréale ou l'éducation du bétail. Remarquons d'abord que c'est pour nos colons la base indispensable de la culture industrielle, que l'on peut appeler culture de luxe, la quintessence de l'art agricole. Mais dans ces circonstances mêmes, pense-t-on qu'ils se trouvent en concurrence directe avec les Arabes. Ils conserveront la supériorité pour la culture du blé tendre, tant à cause des soins qu'elle réclame, que parce qu'ils en auront toujours la spécialité. Ils auront l'avantage pour l'entretien de bestiaux achetés à bas prix, engraissés et mis en état de servir et de paraître avantageusement sur les marchés; pour l'amélioration des espèces; pour la production des laines fines; pour la fabrication des beurres et fromages; pour les animaux de basse-cour. En tout cela, ils trouveront de beaux bénéfices.

Le dixième de la concession mis annuellement à la production du blé tendre, rapportant moyennement trente hectolitres donnerait pour la vente quinze hectolitres après défalcation des frais et de la nourriture de la famille. Le dixième des hectares remis à la colonisation rapporterait donc encore pour l'exploitation environ deux millions d'hectolitres ou une centaine de millions de francs.

Rôle du capital dans la colonie.

En faisant le même calcul sur le dixième attribué à la culture du coton, le total de la production au taux de 250 kil. de coton ou de mille francs par hectare, serait de plus de trois cent mille quintaux de coton et donnerait cent cinquante millions de revenu annuel.

Jugeons par analogie ce que produiraient les autres cultures, le bétail, les portions mises en tabac, garance, nopal, etc., ou la plantation des arbres économiques, oliviers, mûriers et autres. D'ailleurs chaque pays suivant sa situation aura une spécialité coloniale particulière, qui donnera lieu à autant de transactions intérieures. Ainsi l'exploitation forestière sera une des principales, parce que le bois est une richesse en Afrique et que son aménagement ne peut être convenablement établi que par nous. Près des villes ou de la mer, les cultures maraîchères ou jardinières; ailleurs la plantation des arbres à fruits, oliviers, orangers, citronniers, figuiers; dans une contrée plus favorisée, la culture industrielle remplaçant exclusivement les céréales, etc.

On voit bien que, pour avoir été établie à son origine sur des bases aussi modestes que celles que je lui ai données, la colonie créée par le gouvernement ne serait pas pauvre. Toutes les exploitations que je viens d'indiquer, lui donneront, après un petit nombre d'années, un revenu annuel qui dépassera trois cents millions de francs, ou en moyenne trois mille francs par famille coloniale. Nous devons bien admettre que dans la même période, il se développera un mouvement analogue dans la production indigène, qui passera en partie par les mains de notre commerce.

Le capital, qui redoute les spéculations hasardeuses, aura dès-lors le rôle principal pour faciliter les transactions et le débouché; il établira les minoteries, les magnaneries, les pressoirs à huile; il mettra les cotons et les laines en balles pour l'exportation; il achetera tous les produits et les transportera au littoral; il amenera les perfectionnements de l'industrie agricole. Il fera tout dans ce sens; mais à de rares exceptions, ce n'est pas lui qui colonisera ni qui créera la culture économique. Ce seront les familles de paysans amenées par l'État ou sous sa haute direction. Le capitaliste trouvera moins chanceux de suivre les progrès de leur établissement et de se tenir à portée de la production. C'est lui qui fera de chaque chef-lieu colonial, comme je l'ai dit plus haut, un centre de population urbaine, commerciale et industrielle. Il terminera ainsi l'œuvre commencée par le gouvernement et peuplera pour son compte aussi puissamment peut-être que l'aura fait l'Etat.

En même temps, la grande propriété s'établira avantageusement parce qu'elle trouvera à sa portée les bras et la facilité de transactions ; elle le fera à ses frais et dans des conditions tout à fait normales sans que l'État lui doive rien, La gradation que j'indique est marquée par les conditions faites en 1853 à la Société de Colonisation de Sétif. Cette Société reçoit par lot de 2,000 hectares sur lequel elle doit créer un village, une concession de 800 hectares, qui paraît être payée bien cher par la condition d'amener et d'établir les familles de colons propriétaires. Mais c'est qu'en réalité la grande propriété concédée n'aura de valeur que par la création préliminaire des centres adjacents.

Composition du cadre colonial.

C'est ainsi que le Gouvernement lui-même ne trouvera son compte dans ses possessions africaines que lorsqu'il aura porté la colonisation et le travail sur tous les points importants de l'intérieur. Du reste, dans les circonstances actuelles, il trouvera à les y établir à bien meilleur marché que du temps du maréchal Bugeaud. Le pays présente bien plus de ressources de toute nature, et l'état actuel de l'administration permet d'en disposer avec ordre et économie ; le transport des denrées de nécessité est infiniment moins coûteux ; l'exploitation maintenant possible des forêts de l'intérieur, fournira des bois à bien meilleur marché que ceux de la côte. Sans parler des primes d'encouragement que les fournitures de l'administration et les marchés déjà importants des villes françaises donnent à la culture céréale et fourragère et à l'élève du bétail ; le colon trouvera à enrichir presque aussitôt son assolement par la culture du coton herbacé et du tabac, plantes annuelles que la Providence semble avoir données pour soutenir les premiers pas de la culture industrielle, en attendant le succès des plantations de mûriers, d'oliviers, de nopals, etc.

La colonie, établie en vue du peuplement et de la production, aura bientôt remboursé les frais qu'elle aura coûté et assurera un avenir solide pour indemniser le pays de ses dépenses antérieures.

Elle aura pour base et point de départ la création officielle, sous la direction de l'État, composée de concessionnaires français ou étrangers, venus librement et à leurs frais ou amenés par des sociétés de colonisation ou par les conseils généraux des départements ; ayant pour noyau les colons militaires si le gouvernement juge à propos d'en établir ; enfin si les métayers ou ouvriers agricoles établis par de grands concessionnaires sur le pied d'une famille par dix hectares; en y adjoignant les personnages influents faisant partie de l'autorité indigène, s'il est utile de les faire entrer dans la composition des centres coloniaux, et les agents de l'industrie agricole et du commerce intérieur qui se placeront à portée des besoins et de la production. Tous ces éléments concourant au même but seront reliés entre eux par une organisation municipale fortement établie dès le principe pour remplacer les liens d'origine qui leur manqueront par ceux de la communauté d'intérêts.

Rien n'est moins exclusif que cette composition du cadre colonial; mais par cela même il est impossible de lâcher la main sur aucun des points du réglement qui doit en diriger l'établissement sans compromettre dans l'avenir, les intérêts du pays et ceux de l'État.

Pour assurer sur tous les points cette direction ferme et constante de l'ensemble, il faut une autre administration qui connaisse également tous les intérêts et qui, dans la pratique, puisse donner le moyen de les rattacher les uns aux autres Si j'ai réussi à établir dans l'esprit du lecteur l'importance de compléter l'organisation des bureaux arabes, on reconnaîtra que c'est ce dernier corps qui serait le mieux placé et le plus largement établi pour remplir ce rôle pendant la période de création. C'est lui qui pourrait le mieux en marquer le terme, indiquer les différents points par lesquels elle doit successivement passer, en préparer, puis en surveiller l'exécution.

Quand cette période sera accomplie, que par la création du réseau colonial le progrès, le commerce et le travail auront été portés partout et qu'il n'y aura plus qu'à laisser faire, ce corps rentrera dans les conditions ordinaires et assurera la conservation de l'édifice qu'il aura aidé à élever. Son rôle est donc tout tracé dans un esprit de conciliation pour le présent et pour l'avenir et je vois difficilement les objections que l'on pourrait élever contre ce service, à moins d'avancer qu'en raison de son origine militaire il est antipathique aux institutions civiles, et alors il faudrait en dire autant de la gendarmerie de France.

Examinons d'ailleurs la part que le service des affaires arabes devra prendre à la régénération de l'Algérie, en dehors de la colonie européenne, en lui rattachant et faisant concourir au même but qu'elle les différentes races indigènes, et nous verrons qu'à ce point de vue unique et spécial, il serait encore l'agent le plus actif de la colonisation.

CHAPITRE VIII.

COLONISATION INDIGÈNE.

L'Algérie dans son ensemble présente une variété de races aussi grande que la variété bien connue de son sol, de son climat et de ses produits naturels. Autant l'exploitation de cette dernière circonstance doit favoriser le mouvement intérieur et par suite le développement de la production et du commerce, autant l'emploi combiné des différentes races suivant leurs aptitudes spéciales, devrait être avantageux à la domination du pays et à sa mise en valeur.

Combinaison dans ce but, des différentes races.

Cette combinaison d'éléments divers, qui a fait la

fortune durable des Etats civilisés de l'Europe, manque complètement à ce pays, à cause de la faiblesse des gouvernements, qui nous ont précédés, et qui n'ont jamais pu réduire des populations d'origines différentes et ennemies à vivre à côté l'une de l'autre dans des rapports d'émulation et de rivalité d'intérêts, pour le soutien des principes communs et de la vie intérieure et nationale. Excepté les portions de la Metidjà et du Sahel d'Alger, colonisées par les Turcs avec des indigènes d'origines diverses et amenés par eux, sur les autres points de la Régence, la race la plus forte a complètement absorbé ou fait disparaître l'autre, ou bien toutes deux sont restées constamment armées et en présence, sans avoir que des relations de défiance avec la divergence d'intérêts la plus complète.

Notre gouvernement, également fort partout, peut seul étendre à tous les points l'entreprise que le Turc avait commencée sous les murs d'Alger; seul il peut, en dirigeant les populations diverses, suivant leur génie particulier, dans l'emploi auquel elles sont propres, combiner leurs forces et leurs ressources pour le développement de la richesse publique. Il leur créera une connexion d'intérêts dans laquelle son autorité sera toujours prise pour arbitre et gagnera tous les jours un nouvel empire sur les destinées du pays; il assurera ainsi dans l'avenir la prépondérance incontestable de la colonie européenne sur les peuples indigènes.

Mais avant d'indiquer l'emploi qui convient à chacune de ces races, il est bon de connaître les caractères qui leur sont propres. Sans cette appréciation, nous serions exposés à forcer son naturel en lui imposant une tâche antipathique; faute qui compromettrait l'avenir et dans laquelle nous sommes déjà tombés souvent dans les essais que nous avons tentés, peut-être avec trop de précipitation.

Emploi des Arabes dans la colonisation indigène.

Les Arabes surtout demandent d'être conduits avec plus d'économie et de ménagements dans cette voie de progrès qui paraît si contraire à leurs habitudes et à leurs intérêts actuels. En effet, quels résultats ont amenés les mesures prises pour les forcer à bâtir des habitations dont ils ne se servent pas, chez les Aribs de la Metidja, chez les Douairs et les Zmelas d'Oran? Fallait-il, pour s'assurer leur concours dans l'avenir de la colonie, leur imposer les mêmes conditions qu'à l'européen avant de leur reconnaître ou de leur concéder des droits à la propriété? Ils ont en personnel et en matériel des moyens d'exploitation bien plus importants que nos émigrants; ils sont attachés à la terre par des intérêts bien plus forts. Ils n'hésitent donc pas à faire les frais de la construction qui leur est imposée; mais sans s'inquiéter des avantages ni des inconvénients ni de la solidité de la maison, ils regardent cette condition comme un impôt d'un millier d'écus prélevé au nom du droit au travail. Cette mesure n'atteint point leurs intérêts et ne les engage en rien; elle montre seulement qu'on pourrait obtenir d'eux quelques sacrifices dans un but plus sérieux pour l'avenir de la propriété, et que les conditions à leur imposer ne sont pas les mêmes que pour nos colons.

L'exemple que je viens de produire ne doit donc pas faire renoncer d'amener en partie les indigènes à prendre de nos habitudes sédentaires et de nos idées sur l'exploitation agricole, ce qui convient au pays; mais il ne doit pas faire rechercher dans quelle mesure et par quels degrés ils y arriveront. C'est encore un point à bien établir à l'avance.

Il ne serait pas sage de condamner absolument le système de cultures et d'habitations nomades, comme s'il était la cause véritable et la dernière expression de l'état de barbarie.

Certes, au point de vue du commandement, nous n'aurions pas à nous en plaindre; car il est établi par expérience que les populations les plus soumises, les plus maniables, les moins fanatiques sont celles qui campent sous les tentes: ce ne sont ni les habitants des Ksours, ni les Kabyles de l'Atlas. Ce ne serait peut-être pas un paradoxe de dire que ce sont leurs habitudes de soumission qui ont jeté les Arabes dans le parti d'Abd-el-Kader et ont maintenu leur fidélité à son gouvernement. Toute la question pour eux était de savoir à qui la soumission était due ; maintenant qu'elle est résolue, ils nous donneront peu d'embarras. Quant à la police d'un tel peuple, elle serait plus facile que celle d'aucun autre en tenant la main à l'exactitude des contrôles de douars et tribus où chaque individu est immatriculé : rien n'y peut être caché, tout se passe en plein air.

Ce serait une grande erreur de croire que ce peuple vit sous la tente uniquement par esprit de mobilité et d'indépendance, afin de pouvoir échapper à l'action du commandement et de la surveillance. Toutes nos tribus nomades, même celles que nous perdons de vue dans l'immensité du désert, ont des mouvements réglés et bornés qui les ramènent périodiquement entre nos mains. Leur manière de vivre sous ce rapport est donc réglée par les intérêts de leur exploitation agricole ou pastorale.

Dire que l'existence nomade n'est pas appropriée au développement de la vie humaine, de la civilisation et du bien-être ne serait pas plus juste : car jusqu'ici les populations les plus riches avec le plus de loisirs, chez qui on trouve le plus de ressources et de confortable, par qui notre commerce trouve le plus de débouchés, sont encore celles qui vivent sous la tente. Il y a longtemps que Léon l'Africain écrivait que se trouvant chez les Arabes du désert, il avait pu s'aider de toutes les denrées des villes dont leurs pavillons étaient mieux fournis que les meilleures boutiques des cités. La vie nomade étant l'exploitation de toutes les ressources répandues par la nature sur un grand espace est plus abondante que la vie sédentaire; et de fait, ce n'est que de leurs relations avec les Arabes que vivent et se soutiennent les misérables populations des ksours et des villes qui demandent leur existence à un labeur journalier et incertain, à la petite culture et à l'industrie. Tant que les mêmes circonstances naturelles subsisteront, le même fait se produira. Il se produit même en dehors de la race arabe; car depuis la pacification, beaucoup de tribus montagnardes que la crainte ne retient plus dans leurs asiles, pour descendre dans les plaines qui s'étendent sous leurs yeux, se mettent à la vie nomade et abandonnent leurs villages où elles ne laissent que les misérables deshérités dont les ailes sont coupées.

La vie pastorale n'est donc pas exclusivement le lot d'un peuple retardataire; c'est une forme de la civilisation appropriée à la nature du pays. Sans citer l'exemple des pasteurs de la Provence, du Piémont, des Pyrénées ou de l'Espagne ou celui des nomades Gauchos dans l'Amérique du Sud, il est à remarquer que dans des circonstances semblables à celles qui dominent en Algérie, les Hollandais ont en majeure partie peuplé le cap de Bonne-Espérance de colons pasteurs et nomades. J'ajoute que lorsque nos établissements auront atteint la limite du Tell, il n'est pas douteux que nos colons ne songent à exploiter l'étendue du désert par le parcours du bétail : Alors les profits assurés qu'on y trouvera feront prendre plus d'intérêt à la vie nomade. On étudiera le rôle qu'elle devra jouer dans le pays et on saura les combiner avec la culture et l'industrie sédentaire : c'est cette combinaison qui fera la véritable force de la colonie en ne laissant perdre aucune ressource.

Méthode de culture arabe.

Pour la partie cultivable de l'Algérie, le système d'habitations nomades a sa raison économique : c'est l'immense étendue de territoire possédé par chaque tribu, dont la plus faible moitié seulement est dans un état de fertilité acquise méritant la culture. Car on a beaucoup exagéré la fécondité de l'Afrique et s'il est vrai que ses portions fertiles le sont extraordinairement, on doit reconnaître que, comme partout, elles comptent pour un chiffre presque minime dans l'étendue générale. Or pour exploiter également toute cette surface et le plus avantageusement, presque sans mise de fonds et sans travail, les Arabes ont conservé le système de culture pastorale qui serait suivi en France dans les mêmes circonstances locales, savoir : la grande culture ou jachères, basée sur l'élève et le parcours du bétail ; ce qui exige des déplacements continuels pour assurer partout la dépaissance et répandre la fécondité sur le sol.

Dans ces conditions, ils sont dirigés constamment par les principes les plus rationnels, résumés par cette adage de Caton, qui est la base de la science agronomique : *riche pasteur, riche laboureur*. Ils tiennent donc plus au bétail même qu'à la terre parce qu'il est l'origine de toute culture et pour un agriculteur une richesse plus réelle que l'argent : pour être plus près de leurs intérêts, les plus riches sont précisément ceux qui tiennent le plus à la vie nomade, afin de ne jamais perdre de vue leurs troupeaux.

Leurs opérations agricoles sont des plus simples, mais aussi des plus sûres. Quoiqu'ils aient l'idée de l'alternance des récoltes et qu'ils l'observent dans les portions irrigables cultivées tous les ans, ils évitent de faire deux récoltes successives sur le même terrain et ne labourent qu'après avoir préparé le sol en y établissant leurs campements et leurs troupeaux : pour le nettoyer et comme agent de la végétation, ils ajoutent l'incinération à l'engrais. Pour eux, le fumier est du grain et plutôt que de le laisser perdre, ils laboureront le pauvre terrain où les troupeaux auront passé une nuit. Mais pense-t-on qu'ayant plus de terre qu'il ne leur en faut, ils s'aviseront de les amender ou améliorer artificiellement par les procédés de notre agriculture perfectionnée et par de nombreuses façons? Ils choisissent les meilleurs terrains et comme d'ailleurs ils n'en reconnaissent que de deux sortes, terre à blé et terre à orge, et que leur seule affaire est la production céréale avec l'élève du bétail, la jachère leur est indispensable Il faut le reconnaître, l'ensemble du pays se prête surtout à ce genre d'exploitation : il est nu, sec et chaud et dans les portions non arrosées et plates, les tentatives de plantation et d'extraction de l'eau paraissent coûter plus que les produits qu'elles accusent.

Il serait difficile, dans les conditions où se présente généralement le pays arabe, de trouver un système plus avantageux d'en tirer parti. Aussi peut-on dire que ce sont les cultivateurs le plus à leur aise, parce qu'ils font le moins de frais possible et on a pu voir qu'une seule année d'abondance les rétablissait de trois années de guerre et de trois récoltes manquées.

Mais ce système laisse tout à désirer pour l'exploitation des portions de choix, des terrains d'alluvion ou arrosables ; il est évident qu'elle doit être sacrifiée à celle de l'ensemble, quoique leurs propriétaires portent sur ces points tous leurs soins et leur travail. Ils y campent au printemps et à l'automne, les fument abondamment, leur donnent des façons plus soignées et les laissent rarement en friche ; mais en définitive, ils ne leur font produire que des récoltes de maïs, de millet, de fèves ou de pastèques, citrouilles et melons ou des céréales de printemps et ils n'y plantent que quelques vergers d'arbres à fruit, figuiers surtout. La culture d'arbres économiques ou de plantes commerciales leur demanderait trop de soins spéciaux incompatibles avec leurs autres préoccupations et ils ne croient pas devoir abandonner l'exploitation facile d'un territoire étendu pour le travail pénible de quelques morceaux de choix, dont les produits sont d'un placement mal assuré.

Il n'est pas douteux que s'ils voient dans une culture industrielle, comme celle du coton, un bénéfice bien clair et un débouché certain, les idées ne se tourneront enfin de ce côté et qu'ils emploieront à la mise en valeur des parties qui y sont propres les revenus des terres médiocres. C'est dans cette voie en effet qu'il faut les diriger : mais ce n'est pas ce qui leur fera complétement abandonner la vie nomade pour les habitations fixes.

On peut dire d'avance que ce n'est pas par leurs mains qu'ils se livreront à cette partie de l'exploitation; ils n'en seront guère que les bailleurs de fonds. Ce fait n'aura rien de nouveau pour eux; car il est consacré par la loi musulmane qui réglemente les contrats de petite culture par des clauses tout en faveur de cette intéressante industrie et du cultivateur qui s'y livre. Les Arabes ont créé et soutiennent la petite culture, la culture spéciale et industrielle, dans les oasis dont les habitants ne sauraient se passer de leur association et de leur patronage. Ils sont propriétaires en grande partie des terres des ksours où ils font cultiver le dattier, le henné, les plantes jardinières et fourragères, le tabac, la garance, le coton. C'est par des exemples pris sur ces différents points que nous pourrons reconnaître la possibilité de faire de la colonisation dans le sens économique du mot par les ressources indigènes.

Réglements de la culture coloniale chez les Arabes.

Pour donner une idée de l'esprit de la législation sur cette matière, je soumettrai donc au lecteur les usages qu'elle établit dans le pays Fignig et celui de Tafilet, usages fort analogues du reste à ceux que l'on suit dans le Maroc et dans le Tell de l'Algérie : les clauses seules sont variables suivant l'espèce des cultures et les circonstances locales.

S'il s'agit donc uniquement d'une culture jardinière, le tabac y est compris, le preneur a la moitié du produit brut, s'il fournit les instruments de travail et si l'eau lui appartient ou si elle est publique; il n'a que le tiers si l'eau est la propriété du bailleur, le quart enfin si le propriétaire supporte en plus les dépenses de l'exploitation et en fournit les moyens.

S'il s'agit d'arboriculture et que le preneur reçoive une propriété toute plantée, il n'a droit qu'au quart, au cinquième ou septième suivant les espèces : on m'a cité, pour ce dernier chiffre, le dattier et le cotonnier arborescent.

Mais plus généralement les plantations ont été faites par les habitants des ksours sur les propriétés arabes et la loi les rend alors co-propriétaires de l'usufruit, eux et leurs descendants; ils sont ainsi atchés à la terre comme colons et ils ont dans son exploitation un intérêt qui lui est profitable. Ainsi le premier qui, sur une terre nue, plante des arbres, dattiers ou autres, s'il fait tous les frais de plantation ou d'entretien, si la terre plantée n'est pas irrigable ou si l'eau appartient à la communauté, a la propriété de la moitié des arbres; il n'en possède que le tiers dans le cas où l'eau appartient au seul propriétaire du terrain et enfin seulement le quart si ce dernier fournit en entier les plants et les moyens d'exploitation. L'Arabe propriétaire doit toujours, a certaines époques, venir s'établir autour de l'exploitation pour la fumer et assister à la récolte.

En tout cas, le planteur devient propriétaire à titre transmissible et ne perd son droit que si la plantation a complètement dépéri et si le sol est redevenu terre nue. La preuve qu'il possède, c'est que s'il abandonne l'exploitation, il conserve son droit sur lequel le nouveau preneur prélève sa part. Plus généralement dans le Tell, le planteur devient propriétaire du quart du fonds en même temps que de la moitié de l'usufruit et il en conserve la propriété après la destruction des plantations.

Cet usage n'est pas applicable dans le cas où le planteur a reçu un salaire convenu; il n'était alors que simple ouvrier. Mais il est rare que le propriétaire arabe dirige lui-même une exploitation de cette nature. Il est, du reste, à remarquer que presque toutes les entreprises de cette nature faites directement par les Arabes, en y employant de simples ouvriers au lieu de colons, ont mal réussi par les raisons que j'ai données plus haut.

Pour terminer avec l'exemple que j'ai choisi, je dois donner un aperçu des relations de toutes sortes qui se sont établies entre les gens des Ksours et les nomades qui les maintiennent les uns vis-à-vis des autres dans une constante dépendance.

Chaque tribu emmagasine dans un ou plusieurs ksours de son alliance, ses grains, ses laines, viandes sèches, dattes, tapis, etc., au prix d'une redevance en nature qui suffirait presque à faire vivre les gardiens, de même que ces derniers leur confient souvent des troupeaux à faire valoir. De plus, toute l'industrie du Désert passe par les mains de la population sédentaire qui trouve toujours à y gagner. Ainsi, les laines des tribus éloignées ne s'exportent guère à l'état brut ; elles sont d'abord lavées, travaillées et filées par les femmes dans l'intérieur des maisons ; puis les hommes qui sont presque tous tisserands, en font des haïks et d'autres étoffes. Pour ce travail, la coutume leur donne ordinairement la moitié du produit fabriqué. Enfin les ksours servent de lieu d'étape aux caravanes et sont les centres des mouvements des tribus ; c'est donc encore par eux que passe tout le commerce intérieur et l'on conçoit l'importance que les grandes lignes suivies par ce commerce donnent aux oasis qu'elles traversent. Quoiqu'il en soit, à l'exception peut-être de quelques points tout à fait favorisés auxquels leur position donne quelque indépendance politique, tels que les pays de Fignig, Tafilet ou Mezab, la fortune des populations des ksours suit celles des tribus nomades dans la dépendance de qui elles vivent.

Or, en examinant les origines de la population, aussi bien dans les villes dont la fondation est presque récente, telles que Laghouat ou Bousâda que dans les oasis, telles que Touat ou Tafilet qui en comprennent plusieurs, on peut s'assurer qu'elle est composée de l'agrégation de familles étrangères et le plus souvent ennemies entre elles. Les unes sont d'origine zenata ou senhadja, où elles ont été recrutées parmi les pauvres gens des tribus ou attirées par l'importance des relations commerciales : elles sont divisées entre elles, souvent dans la même ville, par suite des liens d'intérêts qui les rattachent aux différents partis qui divisent les tribus arabes et il y a eu autant de mutations dans leur recrutement que de révolutions dans la fortune de ces partis.

On peut donc voir dans l'existence de ces populations sédentaires une sorte de colonisation spontanée qui s'est constamment produite sous l'influence des tribus dont elles dépendent et qui vit par la petite culture et par l'exploitation industrielle des ressources dont ces tribus ne profitent pas.

Il y aurait possibilité de créer chez les Arabes du Tell quelque chose d'analogue à ces colonies indigènes sur les points qui appellent surtout la culture industrielle et la vie sédentaire, au centre des mouvements de chaque tribu, où se trouvent réunies les sources abondantes, les terres arrosées, les jardins, les silos, les cimetières et des édifices religieux, etc., et il est probable que l'intérêt arabe bien dirigé suffirait à ces créations. Qui n'a vu le fait se produire de lui-même : ainsi une petite colonie de Kabyles du Dahra, établie chez les Beni-Amer, vivait de garder les silos et d'entretenir les jardins de l'Alouya, où elle avait monté un moulin, et de fabriquer des tissus de laine, comme des gens des ksours exploitaient les mêmes circonstances non loin de là à Tallout où ils ont planté quelques jardins. Quelques propriétaires de ces mêmes Beni-Amer ont établi sur leurs terres des jardiniers espagnols avec lesquels ils s'entendent parfaitement. Ces exemples, que j'aurais pu prendre partout ailleurs, montrent qu'il n'y a qu'à favoriser le développement d'une tendance naturelle pour amener les indigènes à des résultats importants pour la colonie.

Je pense qu'après avoir indiqué la possibilité de créer la colonisation indigène par les Arabes, sans contrarier leur naturel, en y employant les éléments qui y sont le plus propres et d'après les usages sanctionnés par la loi musulmane, je n'ai plus qu'à donner un coup-d'œil sur l'importance des changements qu'amènerait cette création dans la situation politique et sociale du pays. Il est certain qu'ils devront être considérables, si l'on parvient à effectuer ce mélange intime de populations de caractères différents et à les mettre en relations d'intérêts constantes entre elles et avec la population coloniale.

Caractère de la race arabe.

La race arabe sera la base du mélange, parce qu'elle occupe la plus grande portion et la plus dévastée du territoire algérien, et nous ferons en sorte de lui faire exclusivement supporter les frais de cette colonisation en lui assurant comme propriétaire sa part des profits : je comprends avec la race arabe les populations arabisées d'origine berbère, qui occupent comme elle le pays ouvert et vivent de la même existence, sur lesquelles enfin le caractère de la race envahissante a complétement déteint.

Ce caractère, qu'on ne peut espérer de fixer qu'en l'attachant à des intérêts plus stables que ceux qu'il a eus jusqu'ici, a le grand mérite d'être plus exempt de préjugés, plus facile et plus liant que celui des Mores et des Kabyles. L'esprit arabe s'étonne peu des faits industriels et, quoique sa paresse ne le porte pas à les essayer par lui-même, il apprécie fort bien leurs résultats et s'en engoue facilement lorsqu'ils favorisent ses intérêts. Le mode de colonisation que j'indique l'accommodera parfaitement s'il lui accorde de bons bénéfices pour quelques avances sans travail et avec la garantie de son droit de propriété. C'est le seul moyen actuel de l'intéresser directement à la régénération de l'Algérie. Il est, du reste, fort tolérant pour les étrangers, non-seulement de race, mais encore de religion différente et les protége même dès qu'il trouve son avantage dans le commerce. Or, ici, il y aura tout avantage pour lui, puisqu'il ne saurait y avoir concurrence entre les intérêts coloniaux et les siens.

Quant à l'intérêt qu'il peut y avoir, soit pour eux, soit pour nous, de mettre les Arabes eux-mêmes à la vie sédentaire, je le crois presque nul. Cette mesure aurait pour résultat la vente de leur nombreux bétail, seul moyen d'exploitation de la majeure partie du pays arabe et par suite l'appauvrissement de leur culture.

Je ne prétends pas dire que des Arabes ne se mettent pas un jour à la vie sédentaire, lorsque des circonstances exceptionnelles les y inviteront, et dans ce cas, il ne faudra pas de grands efforts pour les y amener, après leur avoir montré leur intérêt véritable, comme on a pu le faire à quelques tribus voisines de Miliana. Ailleurs, les grands propriétaires se fixeront sur les points privilégiés qu'ils auront colonisés; mais la majeure partie du peuple continuera de mener la vie des tentes qui est appropriée à l'ensemble du pays qu'il habite.

Caractère de la race berbère.

La race berbère, kabyles et habitants des ksours, viendra s'enter sur la race arabe, rarement comme colons propriétaires, plus souvent comme colons partiaires ou simples ouvriers agricoles à bon marché, éminemment propres au travail, doués de la solidité de caractère, de la stabilité tenace qui manquent aux Arabes. Ils introduiront au milieu de ces derniers leur intelligence pratique de l'industrie et de la culture soignée et économique, surtout de celle des arbres, l'habitation fixe, la stabulation des bestiaux, l'alternance des récoltes et l'emploi régulier des engrais, basé sur la récolte des fourrages et même sur l'entretien de prairies artificielles, comme dans les ksours et dans l'Atlas.

Il y a une haute raison politique d'employer la race kabyle et de régulariser à notre profit la tendance colonisatrice qui se produit chez elle spontanément et en dehors de nous. Leur colonisation, l'on peut l'appeler ainsi, a repris aux Arabes depuis la conquête musulmane de grands territoires, et sur la lisière du pays Kabyle repousse de plus en plus la vie nomade par des plantations et des bâtisses. Elle a créé nombre de colonies dans la province de Constantine, autour de Guelma, par exemple : depuis la paix, elle descend partout dans les plaines pour mêler ses cultures à celles des Arabes, tout en conservant l'abri de ses montagnes. Si elle continuait à s'étendre sans que nous la dirigions, elle ne ferait qu'augmenter contre nous la puissance de la race kabyle.

Cette puissance n'est pas à mépriser. Nous n'avons eu jusqu'ici à faire qu'aux Arabes et au fanatisme : quand on sera fatigué de presser sans succès sur ce dernier ressort, peut-être s'adressera-t-on à l'esprit de race, et il y a plus à craindre de la part des anciens possesseurs du sol, restés jusqu'ici indifférents à nos luttes avec les Arabes, mais que la misère peut armer contre nous si nous ne faisons rien pour eux. Relisons à ce sujet l'histoire des grandes luttes par lesquelles la nationalité berbère s'est vengée de la conquête musulmane en suscitant l'une après l'autre les grandes dynasties qui ont remplacé l'autorité des Kabyles en Afrique et en Espagne. Revenons à l'actualité et nous verrons que la race berbère est encore assez puissante et assez compacte de l'Algérie au Maroc pour qu'on puisse l'appeler la nation africaine, elle a une existence propre bien vivace, puisqu'elle a pu résister à toutes les invasions et à toutes les propagandes avec sa langue, sa physionomie antique, ses coutumes et ses canons, qu'elle préfère aux lois musulmanes.

En étudiant cette race sur les points où elle a le mieux conservé son caractère, nous trouverons une population en qui la haine contre l'envahisseur du pays de ses ancêtres est assez forte pour que le nom arabe soit détesté et maudit (blasphème puni de mort par la loi musulmane); par suite, indifférente en religion et disant qu'après avoir accepté la suprématie de l'Islam, on peut recevoir celle du chrétien : mangeant le porc et buvant le vin sans trop de scrupules; proscrivant la paresse et détestant l'Arabe, parce qu'avare et gaspilleur, il n'a pas su comprendre la valeur du travail et n'a vu que des vilains à rançonner quand il détruisait toute industrie et tout commerce ; ne comprenant d'autre domination que celle qui sera assez forte pour protéger ses intérêts et les défendre ; race de fer pour résister contre l'agression violente, mais portée à l'expansion pour reprendre par le travail une partie de ce qu'elle a perdu.

Même où elle n'a pu se conserver compacte, cette race, pauvre parce qu'elle préfère une vie de privations à une servitude humiliante dans les plaines qu'elle a sous les yeux, ne doit voir que des ennemis dans tous ceux qui occupent nécessairement le pays. Elle serait pour notre domination un danger permanent, si nous ne songions à faire droit à sa juste ambition en lui donnant les facilités de s'étendre, en lui assurant la protection pour son travail, nous l'associons en quelque sorte à notre conquête en l'intéressant dans notre colonisation. Nous exploiterons ainsi ses tendances naturelles; nous recruterons sans frais des colons laborieux et acclimatés; nous égaliserons la densité de la population, dont l'accumulation dans les montagnes en rend une partie improductive, misérable et accessible à toutes les suggestions mauvaises; nous aurons introduit dans la société arabe un élément de division et peut-être un allié pour notre colonie.

Pour arriver à ce dernier résultat, il faudra ne les faire relever que de l'administration française qui, en définitive, les aura établis et aura le plus grand intérêt à les protéger même comme colons partiaires des Arabes; il sera sage de les détacher complétement de leurs frères restés dans la montagne, enfin de ne leur accorder rien qu'en raison de leur travail en leur stipulant des immunités temporaires pour les terres réellement défrichées et complantées et pour travaux exécutés.

Quant à la possibilité de les recruter, je crois que la misère, le surcroît de population, les dissensions intestines interminables en donneront mille occasions. D'ailleurs, en ouvrant les yeux autour de nous, nous verrons bien des exemples de ce genre, soit qu'ils se soient produits spontanément ou qu'ils aient été déterminés par le gouvernement turc, qui, à plusieurs époques, a transplanté des tribus entières. Les fermes et les plantations de la Metidja et des environs des villes sont l'exemple du premier cas; le territoire de Guelma donne l'exemple du second aussi bien que la population du vieil Arzeu, composée de familles recrutées parmi la tribu de Bettioua, du Rif marocain. On m'a rapporté que peu de temps avant la prise d'Alger, le bey d'Oran voyant l'abandon où les Beni-Amer laissaient leurs magnifiques terrains arrosés d'Hadjid-Roum et de Tallout, avait juré de les leur retirer pour y établir la tribu des Righa de Miliana que la misère rendait dangereux.

La race kabyle ne serait pas la seule qui nous fournirait des colons indigènes; nous avons vu que les populations des ksours, qui sont constamment dans nos villes à la recherche du travail et qui, dans nos tribus, exploitent bien des industries négligées par les Arabes, pourraient aussi bien être associées à leurs travaux.

Emploi des Nègres.

Il y a encore les nègres, que la révolution a affranchis, auxquels elle aurait dû assurer des moyens d'existence en supprimant l'esclavage qui les faisait vivre; elle nous les eût alors attachés par tous les dévouements, tandis que dans l'état d'abandon où elle les a laissés il est facile de les fanatiser contre nous. Ils ont autant que tous les hommes, l'attachement à leur famille et par suite au travail qui les fait vivre, si les profits leur en sont assurés. Tous les gouvernements musulmans les ont employés comme colons militaires en leur donnant des terres et des armes : leurs descendants subsistent partout en Algérie avec ce caractère et sous le nom de tribus Abids. Sans que nous ayons à faire la traite pour recruter des ouvriers à la colonisation, nous pouvons y utiliser ceux qui existent, dont le nombre s'augmente annuellement; ils sont surtout propres au jardinage, dévoués et fidèles à qui les traite bien, braves au besoin.

Une colonisation d'un autre genre a été constamment favorisée par les gouvernements qui nous ont précédés. Ils ont introduit les pasteurs arabes dans les portions du Tell les plus arides et exclusivement propres au parcours du bétail : ils les ont établis dans les pays abandonnés, aux frontières de la Régence ou sur les marches des populations ennemies, en les intercalant quelquefois entre des tribus sédentaires très-nombreuses. C'est ainsi qu'ont été formées presque toutes les tribus makhzen, portant généralement le nom de Douairs ou Zemouls, les Ameraosca dans la vallée de Sebaou, et les Arabes de Boghni au cœur même de la Kabylie. C'est ainsi que sur les frontières de l'ouest, que la terreur avait dévastées, les Turcs ont établi des Angades marocains. Dans des conditions plus pacifiques, les O.-Sidi-Cheikk, les Laghouates, les Hameyans, ont pu s'établir dans les portions arides du Tell de la province d'Oran, au milieu des Beni-Amer : dans la Metidja, dans la plaine de Bone, des émigrations venues du Sahara, élèvent le bétail et mettent à la disposition du commerce pour ses transports, leurs nombreuses troupes de chameaux.

Exemples de combinaisons de différentes races.

C'est assez d'exemples pour faire voir que ce n'est point une idée nouvelle de proposer un mode de colonisation qui consiste à mélanger les races indigènes, en déterminant des émigrations considérables pour mettre chacune à sa place dans les circonstances qui conviennent à sa spécialité. J'ai pu dire que la Metidja avait été colonisée de cette façon par le gouvernement turc. En effet, on y trouve à côté l'un de l'autre des échantilfons de toutes les origines africaines : l'Arabe cultivateur des plaines du Chélif, le Kabyle jardinier et arboriculteur ; les familles andalouses et coulouglis, propriétaires de la plupart des domaines, et au milieu d'eux les douars nomades des O.-Aidi-Hadjerès, Abaziz, Aoufia, O.-Sidi-Ghaneus, Aribs, font paître leur nombreux bétail sans qu'aucune collision résulte de leur contact avec les possesseurs du sol. La plupart de ces émigrations proviennent de tribus habituées à l'indépendance, les impôts étaient lourds, les loyers élevés; cependent la certitude d'une protection plus efficace pour leur travail et de débouchés certains pour leurs produits, les a maintenus jusqu'à présent; même après l'acquisition des domaines par les Européens et l'introduction de nos colonies, il semble que ces circonstances nouvelles, qui devaient les en chasser, les attachent par de nouveaux liens à leur pays d'adoption.

Tous ces gens vivent en paix entre eux et avec nous; il n'y aurait donc pas lieu de craindre de voir naître le désordre par l'introduction d'éléments nouveaux au milieu des tribus où nous jugerons à propos de l'encourager. Nous somms arrivés au résultat le plus difficile, à empêcher partout l'explosion des guerres continuelles que le Turc tolérait entre tribus voisines et ennemies de toute antiquité. A plus forte raison ferons-nous vivre en paix avec les propriétaires du sol des émigrations qui leur seront, sous ce rapport, complétement étrangères et indifférentes, et qui n'auront avec eux que des relations d'intérêt réciproque. Le sentiment de leur isolement les rapprochera de l'autorité qui continuera de les protéger après les avoir établies : ce sentiment répondra de leur concours intéressé et de leurs bons services et prêtera sur chaque point un nouvel appui à la colonie européenne.

Après avoir facilité leur premier établissement, l'administration conservera auprès des émigrants assez d'influence pour leur faire accepter bien des perfectionnements et pour les présenter par leur moyen à la masse indigène. S'il est un jour possible de pénétrer la société arabe et d'avoir avec elle des relations plus intimes, ce sera par leur concours : le fractionnement de cette société en communes isolées deviendra possible par l'indifférence que ces nouveaux venus apporteront pour un esprit de tribu qu'ils ne partageront point.

Maintien des bases de la société indigène.

Il ne s'agit pas pour arriver à ce résultat de révolutionner le monde arabe. Nous ne chercherons pas à détruire la prépondérance des familles ou des tribus nobles là où elle est établie ; longtemps encore ce sera parmi elles que nous irons prendre les chefs, elles auront toujours la grande propriété et par suite le plus de gens dans leur dépendance, mais aussi plus d'intérêts engagés avec les nôtres.

Nous ne prétendrons pas non plus faire disparaître tout d'un coup l'influence religieuse des zaouaïs et des marabouts : nous continuerons de l'employer à notre avantage. Puisque nous ne pouvons songer à remplacer leur fausse doctrine par les croyances de notre sainte religion, nous exigerions du moins qu'ils fissent respecter à ceux qu'ils ont charge d'instruire les devoirs que la loi musulmane leur impose vis-à-vis de leurs coreligionnaires ; ils oublieront moins souvent le respect qu'ils doivent à la vie et à la propriété du chrétien. Civiliser un peuple, ce n'est pas l'amener à n'avoir plus aucune religion, à n'être retenu par aucun frein moral. La police intérieure et de détails est pour nous la source de difficultés sans nombre que l'enseignement religieux diminuera beaucoup et que le caractère sacré d'un cadi peut seul aplanir. Nous emploierons donc à cette tâche de conciliation, sous notre surveillance, les hommes qui ont en dépôt les traditions de la loi musulmane; mais sans leur donner une autorité temporelle, nous les renfermerons dans leur véritable rôle. Nous ferons la part de leur caractère intéressé en laissant la piété des fidèles les soutenir par des dons volontaires; nous encouragerons l'instruction qui se perd tous les jours par la fondation d'écoles et par l'offre des emplois lucratifs de cadis, d'imans et de khodjas.

En dernière analyse, nous utiliserons chaque forme de la société indigène en mettant chacun des éléments qui la composent à la place qui lui convient. Nous régulariserons à notre profit les tendances des différentes races et nous emploierons leurs forces dans le même but de manière à développer la richesse et la sécurité publique. Voilà comme doit être compris le problème de la colonisation indigène; il ne consiste pas à condamner chaque race à se façonner sur le moule unique où l'on paraît croire que la civilisation a été coulée et que l'on voudrait imposer, à l'exclusion de tout autre, comme la dernière impression du bien et du beau.

C'est ainsi qu'avec les ressources actuelles nous préparerons le milieu où viendront s'engager les émigrants et les capitaux européens, sans créer entre eux et les indigènes une concurrence désastreuse.

CHAPITRE IX.

Tableau d'ensemble de l'établissement de la colonie européenne.

Avant de rien entreprendre de sérieux dans le sens de la colonisation européenne ou indigène, il est indispensable de régler définitivement l'état de la propriété; de bien déterminer ce qui revient à l'État ou ce qui doit rester aux Arabes; de fixer les points sur lesquels doit être constituée ou centralisée la propriété domaniale qui sera attribuée par la suite à la création des centres coloniaux et de la grande propriété; enfin de rapporter ces points aux lignes principales qu'il importe d'occuper par la colonisation, soit au point de vue politique ou au point de vue économique.

Nécessité de déterminer à l'avance la marche de la colonie européenne.

Nous possédons assez la connaissance du pays pour désigner à l'avance ces points importants ; nous pouvons les déterminer d'une manière définitive en procédant à l'établissement du cadastre de notre conquête. Nous aurons fixé pour l'avenir la marche progressive de la colonisation dans les limites de la justice et de l'intérêt public. Seulement ainsi nous préviendrons les à-coups qui se produisent dans cette marche par suite de l'incertitude de l'administration, au détriment de l'État, de la colonie et des intérêts indigènes. Tout le monde se rappelle encore les expériences fâcheuses qui ont résulté de grandes créations coloniales faites sans préparation et sous la pression de circonstances politiques ou de grands intérêts particuliers. Elles seront bientôt oubliées et les mêmes fautes pourront être commises encore, si l'administration de l'Algérie n'en a pas profité pour se mettre en mesure, par un travail préparatoire, d'être toujours en avance de la colonisation.

Or les limites que doit remplir cette dernière entreprise peuvent être fixées approximativement, et l'on peut connaître ainsi la force du courant d'émigration annuelle qu'il convient de lui accorder. Ces limites sont plus prochaines qu'on ne le pense généralement; la totalité de la surface cultivable de l'Algérie atteint à peine vingt millions d'hectares et on ne peut guère compter que la colonie puisse disposer du dixième de cette surface : le chiffre des concessions s'arrêtera probablement, à la limite extrême, à quinze cent mille hectares dont la partie la plus considérable sera réservée aux créations officielles, et le tiers environ à la constitution de la grande propriété. En admettant, comme je l'ai fait, que la période de création dure vingt ans, ce serait au plus six mille familles à introduire annuellement en Afrique. Il n'y a donc pas lieu de diriger sur l'Algérie le courant d'émigration nationale ou étrangère qui se rend en Amérique, tout au plus d'en détourner une partie en y faisant un choix pour en assurer la réussite et accréditer l'entreprise.

Il est important surtout de préparer l'établissement de la colonisation à la fois sur les différentes zones de l'Algérie, afin de tirer parti de la variété du climat et des productions et d'utiliser toutes les classes d'émigrants qui peuvent se présenter en mettant chacune à sa place : ce qui n'a pas été fait jusqu'ici et ce qui a porté le plus grand tort au développement régulier de la colonie, par faute de tenir prête à l'avance une étude d'ensemble où chacun puisse choisir sa place, suivant son aptitude spéciale.

Étude des grandes lignes du réseau colonial.

Les points qui ont pour la colonisation une importance réelle, par la réunion des terres domaniales et par leur valeur particulière, comme par une situation avantageuse aux relations commerciales et politiques, peuvent dans leur disposition être rapportés à quatre lignes principales parallèles à la mer, l'une d'elles embrassant la zone maritime, deux lignes comprenant entre elles la zone intérieure dite du Tell, la dernière limitant la région des hauts plateaux.

Ce n'est pas dans le sens de ces lignes que se produira le mouvement commercial qui suivra toujours la direction transversale de la mer à l'intérieur et de l'intérieur sur la mer et sur le désert.

L'occupation de la région intérieure ou du Tell est donc la plus importante au point de vue colonial, aussi bien qu'à celui de la stratégie et de la politique, par la forte pression qu'elle exercera à la fois sur les intérêts de la zone maritime et sur ceux du désert.

Tell.

La région du Tell présente deux lignes sur lesquelles s'échelonnent les points de l'intérieur les plus propres à l'établissement de la colonisation. L'une suit le versant nord de la chaîne intérieure de montagnes d'où sortent les grandes rivières et jouit du climat le plus tempéré. La seconde occupe le revers sud des montagnes que ces rivières ont à traverser pour aller à la mer et qui limitent la zone maritime sous le nom de Petit-Atlas : sur cette dernière ligne, les cours d'eau se réunissent en s'appuyant aux montagnes, et leurs vallées se prolongent dans une direction parallèle à la mer jusqu'à rencontrer les défilés qui traversent la chaîne. Toutes deux présentent des têtes d'eaux courantes, de larges irrigations favorables à la culture industrielle, des positions relevées et salubres, jalonnées par des ruines romaines importantes et par les principales villes de l'intérieur.

La zone qu'elles renferment est sans contredit la plus riche, la plus largemement ouverte avec les expositions les plus variées; mais le fond des plaines est généralement plat, sec et nu, privé de sources et présente beaucoup de terres salées dites *sebakh*, exclusivement propres à l'élève du bétail et à la grande culture céréale, c'est-à-dire à la vie arabe.

Zone maritime.

La zone maritime s'étend entre le rivage et les premières chaînes de montagnes dites du Petit-Atlas.

C'est presque exclusivement dans les plaines les plus larges de cette zone, celles d'Oran, de Mostaganem, de la Metidjà, de Bône, que se sont attachés jusqu'ici les efforts de la colonisation. Les points vraiment avantageux à occuper, abstraction faite des ports de la côte, sont à la sortie des défilés par lesquels s'échappent les rivières de l'intérieur, où le relèvement des terres et la qualité des eaux assurent un climat plus sain et de belles irrigations ; cette région paraît surtout favorable à la culture des arbres économiques. Mais à l'exception des plaines susdites qui sont en partie colonisées, l'ensemble de la zone est montagneux et occupé par les populations kabyles : elle n'est donc pas actuellement pénétrable partout et sur de grandes portions ne pourra être occupée qu'après la colonisation préalable de l'intérieur et par suite de la pression qu'elle exercera pour déboucher ses produits sur le littoral.

Hauts plateaux.

Enfin la région des hauts plateaux est bordée au Nord par la ligne des postes militaires qui, partant de Sebdou, se dirige sur l'Est en suivant le versant méridional des montagnes du Tell. Elle tient les têtes d'eau des rivières de premier ordre, Tafna, Mekerra, Mina, Chelif, etc. Elle est plus propre à la culture des céréales et surtout des prairies et à l'élève du bétail : le climat y est relativement froid. Elle longe les plus belles forêts de l'intérieur. Sa grande importance est d'assurer à la colonie les points où vient se ravitailler le commerce du Désert.

Désert.

Si plus tard il y avait lieu de pousser nos établissements plus loin vers le sud, ils trouveraient, à une distance moyenne de trente lieues de nos avant-postes, les pâtés montagneux qui comprennent les Tells (suivant la désignation arabe) de l'Aurès, des Sahary, O.-Nayl, du Djebel-Amour, des O.-Sidel-Cheikh et Laghouates et des Hameyanes. Ils les investiraient par deux lignes ; l'une, au sud de la région des Chotts ou Sebkhas, présentant des terrains propres au labour compris dans les parcours des nomades, est la patrie du bétail à laine ; elle est jalonnée par des ruines romaines et berbères qui montrent son importance et par les postes de Géryville, Bou-Sâda, Batna et Tebessa. La seconde dite des Oasis, depuis les ksours de Tignig jusqu'aux Zibans est plus spécialement commerciale : ses produits particuliers sont la datte, le henné, la garance, le coton arborescent ; on pourrait y faire réussir quelques plantes commerciales. Nous ne possédons encore que Laghouat et Biskara sur cette ligne : de ces ports du désert, notre commerce se lancera un jour sur ce nouvel océan.

Pour ne m'occuper que des zônes actuellement accessibles à nos émigrants, j'indiquerai les points principaux qui jalonnent les différentes lignes coloniales en allant de l'Ouest à l'Est.

Nomenclature des points coloniaux de la zone maritime.

Les centres de la zone maritime seront souvent répartis sur deux lignes, l'une appuyée au Petit-Atlas, l'autre aux ports de mer. Ainsi, le bassin de Nedroma, ville moresque importante, aura pour port la ville française de *Nemours;* puis vient Rachegoun, ruines romaines de l'ancienne Siga, débouché du Tell de Tlemcen et dont le port a été occupé un instant par les Français; *Temouckent*, R. R. de Timici, et le riche pays de Zeydoure, dont les produits s'écouleront au port de Mers-Djelloul, R. R. de Camerata; la fertile Melata, le Tessala et Telilat à l'intérieur répondent à *Oran;* le Sig et l'Habra à *Arzeu* et *Mostaganem;* puis vient sous Kelmiton, R. R. dans le bassin maritime du Chelif; la côte du Dahra, contrée peu pénétrable, répond à Mazouna dans le Tell, comme *Tenez* à *Orléansville, Cherchell* à *Miliana*. Tefsed, R. R. du Tipasa, est le port de l'O. de la Metidja, comme la Reghaya est celui du pays de Khachna dans l'O. de cette plaine ; l'Isser inférieur a son port à Mers-Djennat et les forts turcs d'Oumnaïel, de Sebaou et de Boghni (*Drâ-el-Mizen*) commandant le bassin dont *Dellys* est le port, celui du haut Sebaou, où s'élèvent le fort de Tiziouzou et la petite ville de Djemât-el-Sahridj, écoulera ses produits aux ports de Taksebt et d'Azelsoun, ce dernier étant le dépôt des bois de construction de cette côte. Akelsadou et Tikla, ruine d'un fort, dominant la basse vallée du Sahel, répondent à *Bougie*, port du Tell de Setif. Ziama, R. R. importantes, avec son port de Mansouria, correspond à l'Oued-Deheb et écoulerait les bois de construction. *Djidjelly* vient ensuite, port de Mila et Djemilla dans le Tell; de belles plaines s'étendent jusqu'aux bassins exclusivement côtiers de l'Oued-el-Kebir et de l'Oued-Zour; enfin vient celui de Collo, bon port, sans débouchés intérieurs. La colonisation, à partir d'*El-Arrouch*, s'élargira à l'intérieur en suivant les pentes des montagnes par le pays des Redjata, Nechmeyn et Drian, par les débouchés de la Seyboun et de la Mafrag, jusqu'au poste de *Roumel-Souk*, cercle de la *Calle*.

Nomenclature des points coloniaux de la ligne nord du Tell.

La ligne nord des établissements coloniaux du Tell présente les dispositions suivantes :

Maghnia, R.R. moyenne vallée de la Tafna, Soumâ des Ghossels, RM, et Sidy-Labchly, R. M, sur son affluent l'Isser; puis *Bel-Abbis* et le prolongement de la moyenne Mekerra; *Mascara*, El-Bordj, Relizan, en longeant la vallée inférieure de la Mina jusqu'à *Bel-Asel* et la moyenne vallée du Chelif sur ses deux rives par Mazonna, ville colonisée par les Turcs, Medjadja, *Orléanville*, l'Oued-Fodda (Temoulga R.R et Khadra R.R.) et la Rouina, le pont d'El-Cantara, Oued-Bouthan et *Miliana;* le Djeudel, Amoura, RR; puis *Médéah ;* Beni-ben-Yagoub, en prolongeant le moyen Isser par les Zmalas turques de Beni-Seliman (Tablat) et Beni-Djaâd, celles de Ben Hidi et de Ben Haroun; prolongeant l'Oued Sahel par *Bordj Bouira*, Kef Redjala, le fort des *B. Mansour*, Akbou, au-dessus des défilés du Sahel; et par les Bibans, Colla ou Satour, le pied des montagnes de Zamora, colonie turque, et du Guergour, Aïn-Turk, Aïn-Roua et son Sahel; le Megris et l'Oued-Dcheb, le Ferdjiona et l'Oued-el-Kebir; Mehalla et la ville de Mila, R.R, jusqu'à *Smendou*; le bassin du Zerdeza, Hammam Meskoutin et Medjez-Hamar, *Guelma*, R.R, et le prolongement de la moyenne Seybouse jusqu'aux Beni-Salah et au poste de *Bou-Hadjer*, chez les O.-Aly.

Nomenclature des points coloniaux de la ligne sud du Tell.

La ligne des établissements qui borderaient au Sud la région du Tell, est jalonnée par les points suivants :

Sidi Medjahed, sortie de la Tafna et El-Bridj, R.M ; *Tlemcen*, tête de la Sikkak ; Hadjer-Roum, RR et et R.M., sortie de l'Isser ; Sidi-Aly-ben-Youb, sortie de la Mekerra ; puis Tenira, Onizert, Cacheron au S. de la plaine d'Eghris ; Fortasa, sur la Mina, Dar-ben-Abdallah et Zamora, bassin de la Djiddionïa ; *Mimoussa* sur le Rihou ; les versants N. de l'Ouarsenis par le haut Isly et le pays des Sendjes et des Attafs, Beni-Boudouan ; Beni-Zougzoug, le Matmata, Oued-Derdar et Beni-Hasen, en traversant le Chelif ; passant aux têtes d'eaux de l'Isser par Beronaguia, fort turc, Sour Djouab, RR, Hamza, RR et RM, dans la plaine des Aribs ; de là aux têtes d'eaux du Sahel par *Aumale*, RR. Moknin et le Ksenna, les versants de l'Ouennougha jusqu'à Mansoura, petite ville ; le poste de *Bou-Areridj*, le pont du Bou-Sellam, *Sétif*, RR. capitale de la Numidie, Kasbaït, RR, Djemila, RR, et l'Oued-Bou-Selah ; Bordj-Mâmmera, puis le haut Rummel-d'Hammam-Grouy à *Constantine ;* le Bou Merzoug, Sidi Tamtam et la haute Seybouse ; enfin, par Tifech, RR, et le poste de *Souk-Harras*, la haute Medjerda.

Nomenclature des points coloniaux de la limite des hauts plateaux.

Enfin, je suivrai la limite Nord des hauts plateaux par les points suivants :

La plaine de Messionen, les mines de Rouban, le pays des Beni-Snous et Sidi-Yahia des O.-Nehar, *Sebdou*, têtes de la Tafna; le Gor, R.M; Ras-el-Ma et *Daya*, têtes de la Mekerra; la plaine de Mesoulen des Beni-Metchar, *Saïda* et la Yâgoubia, Oued-Tifrit et Frenda, petite ville; puis en tête de la Mina, Tagdenet, RM, et *Tiaret*; Dzaviet et el Kef du Serson RR, le Nahv-Ouasel, Ben-Temra, Aïn-Teukria et *Tenich el Had*; Taza et *Boghar*, têtes du Chelif; Bordj-Souary, Saneg, RR. Touta RR. chez les O.-Alan et Adaoura, RR, l'Oued-Mâmora, l'Oued-el-Djenan, sur les versants sud des montagnes de Tittery; puis la Casba des B.-Ilman et Driât, petites villes, voyant sur la région des Chotts; les pentes Est du Djebel-Ktef et le Nord des Mâdid, Bordj-el-Redir au Sud de la Medjana; Kasr-el-Thir, le Djebel-Yusef, les Sebakhs de Sétif; les plaines des Eulma, Abdelnour, de l'Otmania; le Telaghma, le pays des Zemala, le Segnia, la plaine de Temlouka, le Sellaoua, le versant S. du Tell des Hanenchas.

Cette ligne, à partir des limites de la division de Constantine, devra être doublée à cause de la grande largeur du Tell, qui, dans cette partie, atteint les massifs montagneux correspondant au Sud de la région des Chotts par les points suivants : en partant de la ville de Mesila, Cala des Beni-Hammad, R.M, le pays des Ouled-Derradj, en contournant le Bou-Taleb, le pays de Bellezma et les ruines romaines importantes de Ziana; *Batna* et Lambessa, R.R; en quittant les versants nord de l'Auris, l'*Aïn-Bidha* et le Tell des Haractas; enfin la ville de Tebessa, R.R.

L'ensemble de l'établissement colonial sera arrêté par le gouverneur général.

Tel est l'ensemble sur lequel devront se porter les études préparatoires de la colonisation. Le champ en est, comme on le voit, très-vaste; mais il n'est pas nécessaire que le travail concernant les différentes portions en soient terminé en même temps. Chaque subdivision établirait ses propositions et le Gouverneur général les centraliserait et les ferait concorder entre elles. Trois subdivisions seulement se trouvent dans des conditions normales pour la colonisation en ce qu'elles embrassent à la fois les différentes régions de la mer au désert, ce sont celles de Sétif, de Miliana et surtout de Tlemcen. Les autres sont exclusivement maritimes et en partie colonisées ou entièrement comprises dans les zones intérieures. On comprendra mieux ainsi la nécessité de rapporter les unes aux autres leurs propositions; pour savoir la part que chaque subdivision devra prendre au budget annuel de la colonisation et dans le chiffre de la population à établir.

Densité de l'ensemble du réseau colonial.

Il est à propos de faire ressortir la densité de la population coloniale établie d'après l'hypothèse que je viens de développer et de faire voir jusqu'à quel point le réseau d'investissement des populations indigènes sera complet et rapproché.

J'ai dit au chapitre III que pour être mis en rapport avec le chiffre de la population existante, le nombre des centres coloniaux à créer doit être de deux cent quarante. Par la dénomination du centre colonial, composé, comme je l'ai dit, de trois cents familles, je n'ai pas entendu dire un seul village, mais une commune avec ses annexes, fermes et hameaux, disposés à quelque distance du centre dans des conditions diverses. Il ne serait pas possible de réunir un si grand nombre de familles sur un seul point et de prétendre qu'elles exploitent ainsi un territoire de près de trois lieues carrées : la sécurité ne serait pas plus grande que l'exploitation. La nécessité d'échelonner des centres routiers sur la direction de la côte, tendra, du reste, à allonger et à fractionner chaque commune.

La composition normale du Centre, telle qu'elle est fixée à trois cents feux, ne pourrait même être remplie partout; car il est peu de points qui présentent assez d'intérêts pour comporter une aussi forte réunion de familles coloniales. Je grouperai les centres coloniaux par deux, en mettant chaque groupe sous la surveillance d'un officier du corps colonial ; le centre normal de trois cents feux sera le chef-lieu de la lieutenance; l'autre sera décomposé en deux communes où résideront les sous-officiers commandant les brigades. Le réseau d'investissement sera établi sur cette base et se composera de cent vingt résidences d'officiers et deux cent quarante chefs-lieux de brigades, groupés autour des premières.

En admettant pour la partie cultivable de l'Algérie une largeur moyenne de trente lieues, les lignes de colonisation que je viens de décrire seront espacées entre elles d'une dizaine de lieues : et le développement côtier étant de près de trois cents lieues, les cent vingt groupes de colonies, répartis au nombre de trente sur chaque ligne, auront leurs centres à une distance moyenne de dix lieues aussi dans les deux sens. L'intercallation des centres de deuxième ordre dans chaque groupe, des annexes agricoles des communes, des hameaux routiers échelonnés de l'intérieur au littoral, des fermes et grandes concessions intermédiaires, réduira à trois lieues dans tous les sens la distance moyenne des points occupés par les colons.

Si de grandes portions de la zone maritime sont actuellement impénétrables à notre colonisation, la population qui aurait dû leur être attribuée sera reportée sur les régions intérieures. On augmentera ainsi la pression de ces dernières sur le littoral, sans qu'il en résulte, d'ailleurs, une grande augmentation de densité pour la population européenne introduite; car, à ces portions difficiles de la zone montagneuse du littoral, qui s'étendent du Dahra à Cherchell et de Dellys à Philippeville, correspondent des élargissements symétriques du Tell, surtout dans la province de Constantine.

Études préparatoires à la colonisation de chaque centre.

On conçoit que les études préparatoires embrassant à la fois les trois régions qui sont ouvertes à la colonisation dans les conditions les plus variées, il sera possible de mettre chaque classe d'émigrants à sa place suivant son aptitude spéciale. C'est, comme je l'ai indiqué, une condition indispensable pour faire réussir et pour faire marcher l'entreprise.

Car on sait assez quelles peines ont eues jusqu'ici les colons pour trouver à leur arrivée des terrains disponibles et à leur convenance et le peu de choix qu'ils peuvent faire si l'administration a pu en préparer à l'avance pour les mettre à la disposition des arrivants : de sorte qu'une personne qui s'entend à exploiter telle branche de l'industrie agricole, reçoit un terrain propre à telle autre exploitation et que l'émigrant du Nord se trouve placé dans un pays qui ne peut convenir qu'aux habitants du Midi.

L'Algérie est bien loin encore de recevoir le chiffre annuel d'émigration qu'il faudrait y introduire pour que la colonisation marche sérieusement et il n'augmentera pas si l'administration n'est pas mieux préparée à la recevoir. Elle devrait avoir préparé des registres de renseignements et les tenir à la disposition du public, soit aux ports d'embarquement, soit aux points de départ des émigrants, pour que chacun d'eux sache d'avance ce qu'il peut entreprendre et les conditions qui lui sont faites. Ces registres indiqueraient les centres coloniaux en création simultanée dans les différentes zones, leur aptitude spéciale au point de vue agricole, les circonstances climatériques, commerciales et industrielles ; les territoires affectés à la colonisation officielle, aux villages routiers et aux banlieues des villes existantes, ainsi que les excédants réservés à la constitution de la grande propriété ; les centres d'exploitation forestière, les gisements reconnus de mines et carrières, les chûtes d'eau propres à l'établissement d'usines, etc.

Nous avons sous les yeux l'exemple de la marche suivie en colonisation par l'Angleterre. C'est ainsi qu'elle envoie dans toutes les parties du monde et nous pouvons nous assurer que chaque partie de son immense empire, sur laquelle elle dirige des colons, a été étudiée à l'avance et mise en état de les recevoir.

Nécessité de fixer les droits des indigènes d'une manière irrévocable.

Il n'est pas moins nécessaire de fixer les indigènes sur nos dispositions à leur égard et de les rassurer pour l'avenir. Ce n'est qu'après avoir garanti leurs droits, comme ceux des européens, d'une manière irrévocable, que l'on pourra songer à les rattacher à notre colonie et à améliorer leurs procédés agricoles, les employer en un mot à l'exploitation sérieuse du pays. L'importance d'un travail qui déterminera à l'avance l'établissement progressif de la colonisation, est plus grande encore pour eux que pour nos émigrants, et, après tout, il y aura toujours quelque intérêt pour l'État à ménager la masse indigène, qui sera longtemps encore la plus nombreuse, la plus riche et la plus productive.

L'opération du dépouillement et de la constitution de la propriété concessible déterminera en même temps les droits des Arabes, soit qu'on leur reconnaisse un droit ancien à la propriété, soit qu'on leur en accorde un nouveau, par titres émanés de notre conquête, sur les portions du territoire dont ils ont l'usage ou auxquelles il convient de les attacher par des intérêts coloniaux.

On ne devra donc jamais revenir sur cette constitution de la propriété, qui sera arrêtée d'une manière irrévocable et définitive. Les indigènes se sont vu trop souvent retirer sans compensation des terrains sur lesquels ils avaient des droits d'usage et souvent de propriétés; trop souvent on les a expropriés en leur assignant des échanges dont il fallait les déposséder encore, les déplaçant plusieurs fois de suite, pour qu'on puisse espérer de les attacher sérieusement à la terre. On évitera ainsi le scandale de terrains complantés par des particuliers et formant le territoire de villages indigènes, expropriés à la demande d'Européens influents.

La religion des commissions consultatives sera éclairée constamment sur ces sortes de demandes et ne sera plus exposée à être surprise par des exploiteurs qui demandent en concession le territoire qui suffirait à la création d'une ville importante, ce qui compromet à tout instant l'avenir même de la colonie européenne. On saura à l'avance les créations auxquelles l'Etat est intéressé directement. Dans le périmètre de chacun de ces centres officiels, un sixième des terres qui leur sont affectées sera réservé aux grandes concessions : de plus, les excédants de propriétés domaniales seront groupés à portée des centres et des routes pour former les établissements particuliers. Au total, un tiers des territoires concédés par l'Etat sera réservé à la création de la grande propriété et devra lui être plus que suffisant.

On présentera donc aux demandeurs de grandes concessions le tableau des terrains disponibles à ce titre, dans lequel ils auront assez à choisir et en dehors de quoi ils chercheront à s'entendre avec les propriétaires pour acheter ce qui leur conviendra, sans que l'Etat ait à s'en mêler. Les transactions immobilières seront libres comme partout dans les zones annuellement livrées à la colonisation, et les capitalistes ne manqueront pas de trouver à acheter, surtout auprès des habitants des villes, la pire espèce de propriétaires indigènes, parce qu'ils ne résident pas.

Après avoir fixé pour chaque subdivision les points sur lesquels doit être établie la colonisation, il faudra donc procéder promptement au dépouillement et à la constitution définitive de la propriété indigène et disposer à l'avance les territoires coloniaux et ceux qui devront former la grande propriété. A ce sujet, il doit s'élever dans l'esprit du lecteur des objections que je dois discuter.

Possibilité de constituer le territoire du réseau colonial.

On peut douter d'abord que sur vingt millions d'hectares de terres cultivables, on puisse en prélever jusqu'à quinze cent mille et qu'ils soient disponibles ou existant au Domaine de l'Etat, surtout parce que sa propriété n'a pas été reconnue partout et que les gouvernements qui nous ont précédés n'ont pas toujours été assez forts pour la créer ou la faire respecter.

Cependant, d'après les recherches déjà faites, l'Etat doit posséder déjà en propriété près d'un million d'hectares, mais dont la répartition demande à être remaniée pour être plus égale et pour se rapporter aux différents points où doit s'établir la colonisation.

Ce n'est guère que dans l'ancien aghalic d'Ager que se trouvent constitués des groupes importants de propriétés domaniales, autour des Zmalas et des Bordjs el Caïds, qui étaient, comme je l'ai dit, les centres d'une sorte de colonisation militaire que le gouvernement turc avait introduite au cœur de chaque outhan : exemples, Bou Halouan, les Bordjs de la Kabylie, les Zmales de Beni-Djaâd, Beni-Seliman, Bordj-el-Arib, etc.

Certaines portions de l'Algérie appartiennent en

entier à l'Etat sous la dénomination d'azels dans la province de Constantine; dans celle d'Alger, tout le Hamza; dans celle d'Oran, les plaines de Mina et Chélif, etc. Elles sont occupées en partie par des tribus usufruitières ou par des tribus Makhzen qui y ont été établies en retour de l'obligation du service militaire, et je crois avoir démontré le peu d'utilité qu'il y aurait à vuider ces territoires pour les assigner en entier à la colonisation.

Partout ailleurs, la propriété domaniale est extrêmement morcelée et a pour origine les donations religieuses ou les deshérences. Ce morcellement qui rendrait impossible la création de centres coloniaux, est aussi préjudiciable à l'Etat, dont les agents ne peuvent apporter sur tous les points la surveillance désirable. Ces terres, n'étant louées d'ordinaire que pour un an, se ruinent par chaque location, parce que les adjudicataires ne portent aucun intérêt à leur conservation.

Dans ce dernier cas, il faudrait donc arriver à grouper la propriété domaniale autour de chacun des centres coloniaux indiqués, par voie de dépossession du territoire environnant jusqu'à concurrence du nombre d'hectares nécessaires à la création, en donnant en échange aux propriétaires expropriés les terrains domaniaux qui ne se rapporteraient point à ces centres.

Dans le premier cas, on procéderait par le cantonnement, en prélevant ce qui est nécessaire aux créations coloniales et constituant aux tribus usufruitières en toute propriété un territoire en rapport avec leurs droits d'usage, et le subdivisant plus tard pour l'établissement de la propriété individuelle au prorata de la fortune mobilière, en bétail surtout. Quels que soient les droits de l'Etat dans cette circonstance, plutôt que de lui conserver la propriété dans des conditions aussi précaires, il est préférable de concéder la terre aux indigènes avec condition d'observer certains réglements coloniaux : l'augmentation de valeur et par suite celle qui se produira dans le chiffre des impôts remplacera et au-delà le loyer qu'on eût pu en retirer.

Ces opérations seront toujours fort délicates et demanderont beaucoup de ménagements et d'économie, par conséquent une étude approfondie du pays, pour faire valoir les droits de la colonie et, d'autre part, pour ne pas dépayser entièrement les indigènes et ne pas troubler profondément leurs habitudes de vie.

Les arrêtés promulgués par les gouverneurs généraux contre les tribus ou contre les individus qui ont abandonné leur pays pour passer à l'ennemi ou pour émigrer au Maroc ou au Désert, qui ont commis des actes d'hostilités contre les Français ou leurs adhérents, placent leurs propriétés immobilières sous le séquestre et les rangent de fait dans la catégorie des azels de l'Etat. C'est le cas où s'est mise en 1845 la majeure partie des populations de l'Ouest, subdivisions de Tlemcen, Bel-Abbès et Oran, les Hachems de Mascara et en 1852, une partie des tribus de la subdivision de Bône. Elles sont rentrées, mais considérablement diminuées par la guerre. L'opération de leur cantonnement, qui ne sera qu'une juste conséquence de leur félonie, assurera à la colonie de beaux territoires et mettra un terme à l'incertitude où vivent ces populations, qui ont conservé l'usufruit de leurs propriétés, mais sous la menace d'une dépossession complète qui équivaudrait à leur destruction. Cette mesure ne souffrirait donc pas de grandes difficultés. Là où la propriété était divisée, la répartition des terres maintenues aux Arabes se ferait au prorata des droits antérieurs de chaque membre, afin de conserver à chacun sa position relative dans sa tribu. D'ailleurs, cette opération, pas plus que celle du cantonnement, ne sera basée sur une loi agraire.

Quand une tribu ou une famille inquiétait le gouvernement turc par des actes fréquents d'insoumission ou de révolte contre son autorité ou par des résolutions qui en faisaient une puissance rivale dans la contrée, il la transportait ailleurs pour faire disparaître cette influence hostile, ce levain de discordes et de désobéissance; il s'emparait de tout ou partie de ses terres gour la remplacer par une population étrangère dont il pût tout exiger ou pour établir à côté d'elle une garnison turque et une Zemala à sa dévotion. C'est l'origine d'une partie des âzels, des magnifiques apanages attribués aux grands fonctionnaires, des tribus coulouglis composées des enfants de leurs nationaux, des territoires concédés conditionnellement en Sabga à des tribus Makhzen. Pourquoi dans des cas semblables, qui ne manqueront pas de se présenter jusqu'à ce que notre autorité soit appuyée partout, n'agirions-nous pas de même ? Nous ne ferions qu'exercer un acte de justice, selon l'esprit des peuples musulmans.

Sur les points où la propriété domaniale n'a pas été reconnue ou n'a pu être constituée par les gouvernements qui nous ont précédés, il est assez de terres vagues et réduites à l'improduction par le manque de bras et par l'impossibilité de les exploiter où sont restés ceux qui les parcourent. C'est l'abus du parcours des bestiaux qui a rendu ces terres à la friche; abus dont les historiens de l'invasion arabe rendent compte en disant que les envahisseurs avaient fait de l'Afrique un désert à l'image de celui qu'ils avaient quitté et que de cette terre privilégiée que le voyageur parcourait à l'ombre de Fez à Tripoli en couchant chaque soir dans une ville, ils avaient fait disparaître non-seulement les habitations, mais encore les arbres et les eaux.

D'autre part, sur les limites qui séparent des tribus ennemies ou d'origines différentes, surtout aux confins du pays arabe et du pays kabyle et sur les frontières de Tunis et du Maroc, s'étendent d'immenses lisières sans habitants et sans cultures, le pays du fusil.

Or, la loi musulmane reconnaît que la terre vaine et vague qui est revenue à l'état de mort appartient de droit à l'Etat, qui peut en disposer et la concéder à qui la rendra à la vie par la culture, les plantations et la vivification des eaux.

Enfin, dans beaucoup de pays où les tribus possèdent la terre, soit comme propriété *ârch*, communale et indivise, soit même à l'état de propriétés particulières dites *melk*, quel est le titre de propriété autre que celui d'intrusion, que les gouvernements n'ont point reconnu et que notre conquête nous donne le pouvoir de régler et de limiter? Où sont, par exemple, le titre des Angades de la frontière ou même des Beni-Amer à la jouissance des pays qu'ils occupent? Une usurpation sur les premiers habitants, que les Turcs n'ont jamais admise, parce qu'elle a envahi même les terres du gouvernement, n'est certainement pas un titre bien respectable. Ce droit d'occupation porte également le nom de *Sabga* dans cette dernière circonstance.

Si la terre cultivable est à l'état de propriété ârch ou communale, elle provient aussi de la conquête et sa possession ne consiste réellement qu'en l'usufruit. Il est à l'avantage des indigènes, dans ce cas, de la fractionner entre les familles au prorata des droits de jouissance de chacune en leur en délivrant des titres de propriété particulière. Une semblable opération, qui est fort analogue à celle du cantonnement, permettrait peut-être de réserver à la colonie une part des terres qui se trouvent dans ce cas. La propriété *ârch* peut être considérée comme un fief ou sabga, aux conditions du paiement du tribut dit *hokor*, tandis que les terres âzels sont terres louées à terme.

Avec autant de données, il ne doit pas être douteux que nous puissions constituer à la colonisation jusqu'à quinze cent mille hectares. L'intérêt de la France est gravement engagé en Algérie : pour lui assurer la possession de cette conquête, pour arriver au peuplement et à une exploitation qui l'indemnise dans l'avenir, doit-on hésiter à constituer le domaine de la colonie pour respecter des droits aussi contestables que ceux de la masse indigène? Nous nous sommes imposés aux Arabes, c'était le plus difficile et ils ont accepté d'avance cette conséquence logique de la conquête. Cette question, promptement résolue, une fois pour toutes et sur tous les points, tournera même à leur avantage en ce que du prélèvement définitif et à un taux peu élevé des terres nécessaires à la colonie, résultera l'établissement de la propriété indigène sur des bases stables, sur des titres nouveaux émanés de notre gouvernement et qui assureront la confiance de ses sujets en sa domination.

Il ne serait pas prudent partout de faire connaître aux Arabes longtemps d'avance les dépossessions qui les menacent. Une fois le travail préparé, on sera toujours à temps de l'exécuter dans l'année qui précédera la création; l'exemple et l'influence nouvelle des centres voisins déjà établis fera accepter l'opération aux plus difficiles. Il est vrai qu'il n'y aura pas lieu de diminuer les troupes pendant cette période, elles lui seront aussi utiles qu'elles l'ont été à la conquête. Mais cette mesure serait encore moins possible si rien n'était créé; car, dans ce cas, nous n'avons d'influence et d'ascendant que par notre armée.

Travail particulier du service topographique.

Il ne faut pas s'effrayer du travail que demandera l'établissement d'un cadastre pour le dépouillement de la propriété et la constitution des territoires coloniaux. Ces opérations ne demanderont pas une augmentation sensible dans le personnel des géomètres-arpenteurs (service topographique) qui y seront employés.

Ces derniers ne seront utiles que pour délimiter et allotir le terrain assigné à chaque centre sans s'occuper du périmètre particulier des propriétés qui s'y trouveront enclavées. Or, un géomètre peut lever de cette façon plus de trois mille hectares par an. Si nous supposons que soixante-quinze mille hectares soient livrés annuellement à la colonie, dont le tiers destiné à former les grandes concessions serait levé aux frais des demandeurs, il y aurait aux frais de l'Etat une dépense annuelle de 22,500 francs, d'après le tarif de 0 f. 45 l'hectare à l'échelle du 1/4,000. Ce serait au plus quatre mille hectares à lever chaque année par subdivision, ce qui demanderait à chaque chef-lieu un personnel topographique de deux géomètres attachés à la colonisation.

Possibilité de dresser un cadastre en Afrique, par les soins du corps chargé de l'administration des affaires Arabes.

Quant au cadastre de la terre, on conçoit qu'il n'y a pas d'intérêt à l'établir sur des bases aussi exactes qu'en France : car l'étendue de cette opération serait hors de proportion avec l'importance des propriétés qu'elle doit reconnaître. L'étude n'en serait point faite par l'arpentage de la surface (entreprise qui n'aurait pas de fin), mais d'après la valeur en unités agricoles, sur la mesure arabe dite *sekka, zouidja ou djebda* (paire de bœufs ou charrue), qui représente plutôt la valeur de la terre que sa superficie. Cette mesure, qui équivaut au travail d'une paire de bœufs pendant deux mois au plus, représenterait en bon terrain parfaitement défriché de huit à douze hectares; mais, suivant l'état de la propriété, elle couvre quelquefois jusqu'à cent hectares.

D'ailleurs, la contenance en sekkas est parfaitement établie par la notoriété, même chez les tribus où la terre est une propriété commune qu'on partage tous les ans. Les échanges avec des terrains ou parcelles appartenant au domaine seront donc établis sur cette mesure et sur ses subdivisions. Si, au contraire, on les faisait sur le calcul de la surface, on arriverait à de fausses appréciations, puisqu'il n'y a pas de rapport entre la valeur d'un terrain arrosé par exemple et celle d'un autre de même surface et de nature sèche.

En même temps qu'on fera ce travail sur la propriété, on établira une statistique sérieuse de la population, appuyée d'un levé irrégulier au 1/25,000 et d'un mémoire descriptif qui portera toutes les circonstances importantes, l'emplacement des terres, des communaux et des forêts, des sources, rivières et prises d'eau, des plantations, des centres d'habitation ou mechtas, des routes, des cimetières et lieux saints, etc. De la sorte, une commission consultative sera suffisamment éclairée sur l'opportunité des mesures à prendre pour la constitution du territoire colonial et de la propriété arabe.

Je joins à l'appui de cet ouvrage deux mémoires et plans qui peuvent donner une idée de l'importance et de l'étendue de ces travaux préparatoires. L'un comprend un ensemble de propositions pour la colonisation de la subdivision de Tlemcen; l'autre, l'étude particulière, statistique et cadastre, d'une des tribus avec la constitution du terrain colonial qui s'y rapporte. Ce dernier mémoire a demandé un mois de travail pour être complétement terminé et l'on peut voir par la spécialité du sujet qu'il ne peut être établi que par un officier du bureau arabe.

On m'accordera donc ce que j'ai avancé au chapitre VI que ces études préparatoires seront confiées aux officiers employés aux affaires arabes pour être soumises aux commissions consultatives. Tous les officiers de l'armée, soit qu'ils sortent de l'école militaire ou qu'ils aient suivi les écoles régimentaires, doivent savoir faire un levé irrégulier. Il y a donc à faire un assez beau choix parmi les sujets ayant les connaissances nécessaires. D'ailleurs ces études ne devant précéder que de peu de temps la création des centres, ils pourront toujours s'y préparer d'une manière spéciale. Un officier commandant une lieutenance et chargé de préparer la création des chefs-lieux de sa résidence, pourra donc en faire le travail en un an : l'allotissement et le travail des dépossessions et échanges emploiera l'année suivante; le peuplement se fera à la troisième.

La marche de l'opération peut être réglée d'avance et fonctionner ensuite sans à-coups, étant confiée à un corps qui, depuis son origine, a toujours été chargé de l'étude des questions nouvelles et de la pratique des affaires et des intérêts indigènes. Ni ces études ni cette pratique ne lui feront faute pour la création et pour le maintien de la société coloniale et il continuera de représenter dignement aux yeux des indigènes la force et la justice qui les gouvernent.

CONCLUSIONS

Influence du capital sur l'avenir de la colonie.

L'avenir qui succédera à la période de création officielle sera dû en majeure partie à l'apparition du capital et à l'intérêt qu'il prendra à l'exploitation de l'Afrique repeuplée et mise en valeur.

Nous lui aurons ouvert l'accès de tous les marchés et de toutes les parties du pays et il s'y établira à son tour non pas en maître, mais avec son véritable rôle, comme l'agent le plus puissant de la production et du mouvement. Cet élément nouveau est le seul qui puisse donner à l'Algérie un développement rapide en agrandissant les relations commerciales et décuplant par suite sa puissance productive. Il sera le souffle de vie qui animera la création du gouvernement et lui donnera sa dernière forme. Il assurera la soumission définitive de l'indigène et la suprématie de la métropole par la puissance de l'intérêt. En faisant rentrer pour jamais l'Afrique dans le système du monde civilisé, il aura vérifié cette prédiction arabe : que le chrétien se souviendra un jour du pays qu'ont dominé ses ancêtres.

Le capital suivra donc à distance sur chaque point l'introduction de nos colons. Chaque centre se trouvant au milieu et à portée de la production indigène, l'argent viendra en rechercher les produits jusque sous la tente de l'arabe et se sera bientôt rendu maître d'une grande partie du commerce de l'intérieur. Ainsi par le fait même de nos nationaux, le prix des denrées premières sera réglé par la production arabe et la vie matérielle sera assurée à bon compte, ce qui contribuera à attirer le travail dans nos possessions africaines et à le reporter plus sérieusement vers la culture industrielle, véritable intérêt de la colonie.

Le commerce de la côte aura dans chaque chef-lieu ses agents, qui auront pour mission en même temps de surveiller les progrès de la colonie ; qui la soutiendront en lui assurant les débouchés, en remplaçant les primes de l'administration par des offres avantageuses et par des avances quand les résultats en paraîtront certains. Leurs recherches porteront sur l'exploitation industrielle surtout, amèneront le travail libre et feront de chaque colonie un centre de population urbaine en rapport avec les ressources du pays dont elle sera le chef-lieu. Ces agents créeront le roulage et la multiplicité des transports et des transactions en mettant les différents produits sous la forme qui convient à leur expédition dans les ministères, par la préparation du coton en balles, par l'établissement de pressoirs d'huile et de magnaneries à mesure que se développeront les arbres précieux qui produisent l'olive et la soie. Enfin leur présence sur les lieux leur permettra d'y découvrir des richesses inconnues et précieuses et de préparer l'exploitation des mines si importante pour les deux pays. En un mot ils assureront la prédominance de la colonie et l'attacheront pour jamais à la mère patrie.

Influence du capital sur les indigènes.

L'influence du capital sur les indigènes n'est pas plus contestable que sur la colonie elle-même. Les Arabes le considèrent comme l'instrument le plus puissant pour terminer la conquête, parce que la force a produit tout son effet sans engager directement leur existence, tandis que le capital, par des relations que lui seul peut établir, se rendra maître des intérêts dont la combinaison les fait vivre.

Voyons pour premier exemple l'influence que produirait l'occupation des points commerciaux qui entourent les massifs compacts de la Kabylie, habités par un peuple que son industrie seule fait vivre et dont le plus puissant intérêt est de trouver la liberté des transactions. Pour connaître l'importance de ces transactions, il faut savoir que le Caïdat de Sebaou, qui n'avait d'autre revenu que les droits perçus sur la circulation, était le plus riche commandement de la Régence. Or, l'anarchie, l'éloignement du commerce et le bas prix où étaient tombées leurs denrées, avaient réduit les Kabyles en 1847 au point qu'ils ne réduisaient plus le dixième de leurs olives et que leurs maisons regorgeant d'huiles, de cires, de fruits, etc., ils ne pouvaient trouver une mesure de blé contre ces richesses.

Il est facile de juger par là de quelle importance il est pour les Kabyles de se rapprocher de nous pour obtenir la protection de leurs intérêts et un débouché en rapport avec l'importance de leurs produits. Ils reconnaîtront bientôt la direction que doit prendre leur commerce et leur travail, et l'alliance d'intérêts qu'ils devront conserver avec la colonie. Qui donnera le prix à leurs huiles, à leurs cires, qui achètera leurs bois de construction, qui emploiera leurs ouvriers, si ce n'est le commerce européen? Qui leur portera les quantités de grains, de laines, qui leur sont nécessaires, quand nous leur fermerons les marchés de l'intérieur? Notre domination, pour être moins immédiate, ne sera donc pas moins assurée sur ces tribus dont les produits devront tous passer par nos mains pour trouver un écoulement avantageux.

Les mêmes causes établiront aussi bien notre domination sinon immédiate, du moins nécessaire, sur les tribus nomades du Sud. L'application sérieuse de ces idées déjà formulées ne résultera que de l'occupation intégrale des contrées qui les font vivre.

Ainsi, la colonisation solide et complète de la zone du Tell, en nous donnant les marchés de l'intérieur, nous rendra maîtres des intérêts des populations les plus difficiles à atteindre par la force. Une poursuite de l'administration contre une tribu réfractaire suffirait à faire saisir ses membres partout où ils se présenteraient et ils ne peuvent, par la nature de leurs besoins, manquer à se venir mettre d'eux-mêmes entre nos mains ; tandis que notre argent viendra s'offrir partout et resserrer avec les indigènes des liens de plus en plus solides, parce qu'avec plus de ressources ils se feront plus de besoins.

J'ai parlé de la possibilité d'associer les indigènes aux profits de la colonisation ; ils apprendront bien plus vite encore à placer leur argent avec un bénéfice certain dans des entreprises commerciales au lieu de l'enfouir dans la terre. Avant nous l'argent des Arabes était partout engagé dans le commerce intérieur. Pour les ramener à cette confiance, il faut que des relations suivies et sûres s'établissent entre eux et nous et que nos agents se montrent au milieu d'eux, non avec des promesses, mais avec des réalités palpables. L'argent arabe se placera et une fois engagé dans le roulement du commerce, il sera trop difficile à son propriétaire de le retirer pour qu'il nous puisse tourner le dos d'un moment à l'autre. Assuré d'en toucher des intérêts sans travail, certain du placement de ses produits, il se fera bien difficilement à l'idée de reprendre son indépendance avec les agitations et la misère qui en sont inséparables.

Le capital, lorsqu'il pourra se porter partout et engager les intérêts indigènes dans notre commerce, sera donc notre plus puissant moyen de domination et achèvera la conquête des populations même les plus passionnées pour leur sauvage indépendance. En les associant à ses opérations, il leur créera autant d'intérêts dans notre colonie que nous pourrons en avoir nous-mêmes et nous engagera vis-à-vis des indigènes à mesure qu'il nous les attachera par de nouveaux liens. C'est ainsi que pourra se faire la fusion tant recommandée des indigènes et des européens, non par la vaine promiscuité des individus, mais par l'union intime des intérêts. Enfin le commerce maintiendra en balance les deux races, en n'accordant pas plus de faveurs au colon qu'à l'Arabe, mais seulement au producteur, et les conservera toutes deux dans la dépendance de la métropole, où l'Algérie trouvera constamment le placement avantageux de ses produits. Il nous donnera à l'intérieur la suprématie incontestable sur la Méditerranée et sur le Nord de l'Afrique.

Le capital ne viendra qu'à la suite des créations officielles.

Je ne suis pas en contradiction avec moi-même en faisant cette apologie du capital que du reste je mets à sa place à la fin de ces études. Qui peut nier que ce soit la plus forte puissance entre les mains des hommes? Mais on n'en dispose pas comme on veut, on ne lui commande pas, on ne le persuade pas; son intérêt seul l'attire et il ne viendra pas en Afrique avant d'être sûr de son fait. Quand il y trouvera tout créés le travail et la production, des relations faciles et sûres partout avec des gains assurés, il y paraîtra à son tour pour exploiter ces circonstances antérieures et les développer encore dans des proportions qu'on ne peut prévoir.

On peut tout se promettre de l'avenir que le capital fera à l'Algérie et c'est trop souvent sur ces promesses plutôt que sur la réalité qu'ont écrit les historiens et les économistes de la colonie, que dis-je? qu'ont compté ses administrateurs et législateurs.

Cet avenir est bien éloigné encore et il y a, par comparaison, entre lui et le temps présent la distance qui sépare le zéro d'un nombre fini, le néant de la création. La création, c'est une œuvre d'ensemble, animée d'un souffle de vie qui assure et prépare ses progrès de chaque jour, douée d'une puissance d'appropriation qui embrasse et rattache l'un à l'autre tous les éléments confondus dans le chaos. Le néant, c'est ce qui existe et à quoi on s'est arrêté, une abstraction qui n'est ni la France ni l'Afrique, établie au milieu du vuide qu'on nomme le territoire civil, sans liaison avec le pays, sans intérêt pour la métropole; une institution avortée, incapable de grandir pour enlacer l'Algérie sous le double lien de l'intérêt et de la force, parce qu'elle est venue avant terme au milieu d'une conquête à peine entamée.

Inconséquence du régime actuel.

En ouvrant les yeux, nous reconnaissons la précipitation qui a été mise à arrêter le progrès et l'établissement solide de la domination française ; comme si la conquête brutale une fois terminée, il n'y avait plus rien à faire pour l'assurer dans l'avenir en remplaçant le fait par le droit et l'intérêt. Il semble que nous ayons voulu nous lier les mains et que nous soyons en suspicion à nous-mêmes plus que ne peuvent l'être des indigènes à peine domptés et frémissant de leur impuissance.

Ainsi la loi du 17 juin 1851 sur la propriété en Algérie manquait seule pour arrêter le développement de la colonie sur de larges bases ; elle le rend impossible maintenant et s'oppose à la création de son domaine, en reconnaissant les droits de propriété ou de jouissance appartenant aux indigènes, tels qu'il existaient au moment de la conquête ou tels qu'ils ont été maintenus, réglés ou institués par le gouvernement français ; en reconnaissant cette propriété inviolable ; en arrêtant la vérification administrative des titres de propriété aux opérations commencées lors de la promulgation de la loi ; enfin, en soumettant toutes les questions de ce genre aux tribunaux.

Cette loi qui reconnaît les ordonnances relatives au séquestre des biens des indigènes, n'est certainement pas dans l'esprit de la législation française, quoiqu'elle ait été inspirée par d'excellentes intentions et un grand esprit de justice. Il eût mieux valu, tout en maintenant les principes qu'elle établit, déclarer qu'ils ne sortiraient leur effet que progressivement, à mesure que l'on aurait pu établir le domaine de la colonisation en raison des droits antérieurs de l'État ou de ceux que lui a donnés la conquête, et à mesure de leur constatation ou de l'établissement de la propriété indigène sur des titres et des bases solides ; alors la propriété eût été régie tout simplement par la législation française.

En effet, la loi au lieu de reconnaître la propriété indigène la détruirait au contraire en admettant les ordonnances sur le séquestre, puisque presque toutes les tribus ne se sont soumises qu'à la force après plusieurs révoltes successives, et qu'elles sont ainsi déchues de leurs droits. Il fallait donc mettre le gouvernement en demeure de les maintenir, de les régler ou de les constituer partout, puisqu'on admet qu'il ait pu le faire quelque part. De cette façon, on eût réservé les droits de l'État sur sa conquête, droits trop justes pour être périmés, parce que ses agents n'ont pas été en mesure de les faire valoir partout avant la promulgation de la loi.

Mais pourquoi avoir arrêté la vérification administrative de la propriété aux territoires civils et aux opérations qui y sont commencées? N'y avait-il donc pas lieu de la faire partout dans l'état de désordre où est la propriété indigène, qui a donné lieu aux procès les plus interminables et ne fera que s'aggraver par cet article, qui soumet aux tribunaux des questions de propriété régies par toute autre loi que la loi française? Ce dernier article a paru le moyen le plus économique de régulariser cet immense chaos : j'en ai montré un plus économique et plus simple encore, en faisant vérifier la propriété par les commissions consultatives, qui représentent un territoire militaire les conseils de préfecture, déléguant un officier du bureau arabe et l'agent du service des domaines, sans qu'il y eût lieu pour ces délégués à indemnité de la part de l'État.

Les dispositions concernant l'expropriation forcée,

sont également spéciales à l'Algérie et donnent prise à la critique en ce qu'elles établissent le principe de l'indemnité en argent qui rendrait la constitution du territoire colonial d'un prix beaucoup trop élevé pour une entreprise aussi étendue et pour la valeur réelle des terres, tandis que le domaine peut donner partout des échanges tout à fait équivalents sans bourse délier.

Cette loi donc, excellente pour maintenir dans l'avenir les droits de chacun, empêcherait à jamais les indigènes d'établir sérieusement les leurs, tout en faisant obstacle au développement régulier de la colonie.

Mais que dire de la division de l'Algérie en territoire civil et territoire militaire? En mettant en regard l'une de l'autre les deux autorités, comme deux puissances rivales, a-t-on pensé faire rentrer plus tôt l'Algérie sous l'empire de la loi commune? Que n'a-t-on supprimé ces définitions blessantes et ces vaines délimitations de territoire, en associant les deux administrations dans la même cause! Quand l'armée seule était maîtresse, n'est-ce pas elle qui a fait à la colonie une belle part dans la conquête, et n'a-t-elle pas encore un intérêt direct à terminer et assurer son œuvre en établissant fortement les intérêts français sur les positions maîtresses du pays? A mesure de son achèvement, la colonie civile sortira des mains de l'administration militaire avec le cortége de ses institutions protectrices, comme Pallas sortit tout armée du cerveau du maître des dieux.

Le rôle de l'armée en Algérie n'est pas terminé.

Croit-on que l'État militaire perdra beaucoup à livrer à l'administration civile, après les avoir successivement colonisés, les vastes territoires qu'il régit maintenant? Il aura terminé une noble tâche et rendu à la France un service désintéressé, il se sera mis à même d'en rendre encore de nouveaux et de plus grands : c'est toute sa mission. La fortune de l'armée n'est plus attachée à l'Afrique, c'est maintenant la chaîne qui empêche ses aigles de prendre leur essor.

Le gouvernement général, dirigeant l'ensemble du pays, peut seul fixer les termes progressifs de cette vaste entreprise, en économiser les ressources et en régler la répartition.

Sous ses ordres, les généraux et commandants militaires, assistés des commissions consultatives, feront reconnaître et constituer l'état de la propriété, établiront la colonie avec l'aide et la protection de l'armée, faciliteront ses premières relations avec le pays et feront naître les intérêts civils et commerciaux. Seuls ils peuvent le faire promptement, sûrement et à peu de frais : c'est tout ce qu'il faut à une période de travail et de premier établissement, après laquelle ils feront eux-mêmes la remise de leur création pour porter tous leurs soins à une autre. Pourquoi tant s'effrayer de l'arbitraire, comme si l'administration y répugnait? ne voit-on pas des municipalités avoir pour maire le commissaire civil, tandis que les revenus municipaux des villes importantes sont transportés ailleurs par les préfectures, suivant les besoins et l'état de la colonisation? C'est qu'il y a une logique commune, qui préside à cette œuvre de création, jusqu'à ce qu'elle se soit émancipée par le développement des intérêts particuliers. En effet, cette période critique terminée, les nouvelles colonies seront livrées à l'état civil au fur et à mesure de leur achèvement, c'est-à-dire quand les intérêts se seront assez développés et auront assez pris racine dans le pays pour n'avoir plus besoin que de la protection de la loi commune et d'une administration régulière.

Mais alors même la portion de l'armée directement employée sous les ordres des généraux au gouvernement des Arabes, ne perdra pas ses importantes fonctions. On les lui continuera au contraire en les régularisant et en les étendant à mesure que l'administration civile prendra un pied de plus dans le pays. On la constituera en corps régulier en lui conservant, avec son rôle de force armée, la direction spéciale des indigènes en relation avec l'autorité civile qu'elle représentera également dans chaque chef-lieu colonial. En effet, notre administration française ne descend pas plus bas que les sous-préfectures et on ne peut pas ici en augmenter indéfiniment le personnel, sans rendre bien lourd le budget de la colonie. D'ailleurs il ne convient pas de l'employer sans intermédiaire à la direction des Arabes : ce serait l'exposer à perdre les traditions d'ordre et de dignité qu'il faut qu'elle conserve. Le personnel des affaires arabes conserve cette spécialité qui demande le prestige de la force autant que celui de la justice.

Après avoir concouru aux premiers travaux de la conquête et de l'administration d'un pays inconnu; après avoir été l'agent le plus actif de la colonisation et de la conquête pacifique, ce corps d'élite et spécial rendra toujours de nouveaux services pour la protection des intérêts combinés des deux races et pour l'extension journalière de l'influence française.

On loue les officiers qui persévèrent dans cette voie, dont l'émulation s'excite au souvenir des belles choses auxquelles ont été mêlés leurs devanciers et qui continuent leurs travaux : ils auront toujours une belle place dans l'estime de l'armée et de la colonie. C'est au gouvernement de s'assurer leurs services en leur faisant une position régulière, en leur donnant des garanties pour leur état militaire au lieu de l'incertitude et souvent des déceptions qui rebutent le plus grand nombre. Il trouvera alors plus de sujets et pourra apporter plus de choix dans la composition de ce corps, dont la création ne sera pas une nouveauté ni un surcroît de dépenses, puisqu'il faudra toujours une gendarmerie d'Afrique dont le personnel augmentera à mesure des progrès de la colonie. Mais avec les attributions que j'ai dites, il sera en état de rendre de plus grands services que ne font les compagnies actuelles et les bureaux arabes ensemble, et de les rendre sous la direction civile aussi bien que sous celle de l'administration militaire, dans l'avenir comme dans le présent.

A. Javary
Capitaine au 2e Zouaves.

Tlemcen, 8 octobre 1854.

TABLE DES MATIÈRES.

www.ingramcontent.com/pod-product-compliance
Ingram Content Group UK Ltd.
Pitfield, Milton Keynes, MK11 3LW, UK
UKHW020325230726
13925UKWH00002B/631

9 782019 275198